Unser Land unterm Hammer

1. Auflage
Klaus Buchner: Unser Land unterm Hammer
Umschlaggestaltung und Satz: Wilfried Klei
Lektorat: Otmar Fischer

tao.de GmbH, Bielefeld
www.tao.de
ISBN 978-3-95529-015-3
Printed in Germany

Bibliografische Information
der Deutschen Nationalbibliothek
Die Deutsche Nationalbibliothek verzeichnet diese Publikation in der Deutschen Nationalbibliografie; detaillierte bibliografische Daten sind im Internet über **http://dnb.d-nb.de** abrufbar.

Klaus Buchner

Unser Land unterm Hammer

Wer regiert uns wirklich?

Vorwort

Nach der Atom-Katastrophe von Fukushima stieg Deutschland zum zweiten Mal aus der Kernenergie aus. Es hieß, der Super-GAU habe neue Erkenntnisse über die Risiken der Atomkraft gebracht. Tatsache ist aber, dass es bereits 1957 in Kyschtym (Russland) und in Sellafield (England) zu katastrophalen Atomunfällen gekommen war und dass nach weiteren schweren Unfällen in den USA (Harrisburg 1979), in Russland (Tschernobyl 1986, Tomsk-7 1993) und in Japan (Tokaimura 1999) klar war, dass es immer wieder zu solchen Katastrophen kommen wird. Die „neuen Erkenntnisse" der Bundesregierung waren also nicht physikalischer oder technischer Natur. Was die Regierung zum Einlenken gebracht hat, war die Tatsache, dass immer mehr Menschen gegen Atomkraft auf die Straße gingen. Als es an einem Tag deutschlandweit 120.000 waren, knickte die Bundeskanzlerin ein.

Warum hat sie noch kurz zuvor die Laufzeiten der deutschen AKW verlängert? Warum wurden schon von einer früheren Regierung die Gutachten zum geplanten Endlager Gorleben gefälscht? [1] Warum sollte ausgerechnet ein Manager der Atomenergie als Obergutachter die Sicherheit dieses Standorts beurteilen? [2]

Man kann dies nicht allein mit der Verflechtung einiger Bundesregierungen mit der Atomindustrie erklären. Denn derartige Verflechtungen sind auch in anderen Bereichen schon fast die Regel. Es lohnt sich deshalb, einen kurzen Blick auf die politischen Entscheidungen in unserem Land zu werfen. Es wäre zu oberflächlich, wenn man glaubte, dies alles sei nur durch Korruption so gekommen. Die

Strukturen der Einflussnahme sind vielfältiger und subtiler. Ihre Anfänge fallen schon in die Zeit der Gründung der Bundesrepublik aus den drei westlichen Besatzungszonen.

Der Autor dieser Zeilen war über zehn Jahre im Bundesvorstand und von 2003 bis 2010 der Bundesvorsitzende der Ökologisch-Demokratischen Partei ÖDP. Diese Partei hat sich vermutlich als einzige in Deutschland in ihrer Finanzordnung verpflichtet, keine Firmenspenden (d.h. Spenden von „juristischen Personen") anzunehmen und sich nicht sponsorn zu lassen. Ihre Mandatsträger dürfen in keinem Aufsichtsrat sitzen – mit Ausnahme von Kommunalpolitikern in kommunalen Eigenbetrieben. Denn ein Aufsichtsrat ist gesetzlich dazu verpflichtet, für das Wohl seiner Firma zu sorgen. So kann es leicht zum Konflikt mit der Aufgabe eines Politikers kommen, der ausschließlich dem Allgemeinwohl dienen und insbesondere bei der Erteilung von Aufträgen Neutralität gegenüber allen Bewerbern wahren muss.

Eine solche Selbstverpflichtung wäre für alle politischen Parteien nötig, die von sich behaupten, für das Wohl der Bürger zu arbeiten, so wie die Mandatsträger in ihrem Amtseid schwören. Trotzdem ist das natürlich nicht ausreichend, um die Missstände zu beseitigen. Solange Mitarbeiter großer Firmen quasi als Bedienstete von Ministerien Gesetze formulieren und „Berater" aus Konzernen die Politik mitgestalten, kann man nicht erwarten, dass alle Entscheidungen ausschließlich zum Wohl des Volkes fallen. Natürlich ist es gut und sinnvoll, wenn die Wirtschaft gegenüber der Regierung ihre Wünsche und Bedürfnisse äußert. Weiter darf man aber nicht gehen; die Entscheidungen müssen ohne jede Einflussnahme von außen ausschließlich von den gewählten Politikern gefällt werden. Damit das wieder möglich wird, ist vor allem ein Bewusstseinswandel in der Bevölkerung nötig.

Die vorliegende Abhandlung soll die Probleme anhand einiger Beispiele einem großen Publikum bekannt machen. Dabei wird gezeigt, wie wichtige politische Entscheidungen zustande kommen. Wir dürfen uns aber nicht damit begnügen, die derzeitige Lage zu beklagen. Wir, „das Volk", müssen uns klarmachen, was wir wollen, und dann Abgeordnete wählen, die diese Ziele vertreten. Wenn das nicht funktioniert, ist es unsere demokratische Pflicht, auf die Straße zu gehen. Der Geist von 1989 steckt noch in vielen von uns. Ein wenig davon war bei den Anti-Atomkraft-Demonstrationen zu spüren, die die Regierung zum Einlenken in der Atompolitik gezwungen haben.

Quellen

[1] www.zeit.de/politik/deutschland/2009-09/gorleben-endlager-risiken-gutachten

[2] www.sueddeutsche.de/politik/geplantes-atomendlager-gorleben-gutachten-von-guten-freunden-1.984150

Die ersten beiden Kapitel dieser Schrift beschäftigen sich mit Deutschland und Europa und ihrer Rolle in der Staatengemeinschaft. Dabei ist es notwendig, dass auch historische Dokumente und Verträge zitiert werden. Das macht das Lesen vielleicht etwas mühsam. Wer sich nicht so gern mit den Grundlagen befassen möchte, kann diese beiden Kapitel einfach überschlagen und mit dem dritten („Ich schwöre, dass ich meine Kraft dem Wohle des deutschen Volkes widmen ... werde") beginnen, in dem es um konkrete Politik und deren Folgen geht.

1. Was ist Deutschland?

Wie es begann

Die Nachkriegsgeschichte begann in der Nacht vom 8. auf den 9. Mai 1945, als die deutsche Militärführung die bedingungslose Kapitulation unterschrieb. Das bedeutete, dass alle Kampfhandlungen eingestellt wurden und dass die Regierungsgewalt auf die Siegermächte überging. Damit ist das Deutsche Reich untergegangen; es wurde jedoch formal nie aufgelöst. Das wird von den Alliierten [1] in der „Erklärung in Anbetracht der Niederlage Deutschlands und der Übernahme der obersten ‚Regierungsgewalt hinsichtlich Deutschlands'" [2] klar herausgestellt, die am 5. Juni 1945 in Kraft trat. Dort steht: *„Es gibt in Deutschland keine zentrale Regierung oder Behörde, die fähig wäre, die Verantwortung für die Aufrechterhaltung der Ordnung, für die Verwaltung des Landes und für die Ausführung der Forderungen der siegreichen Mächte zu übernehmen. ... Die Regierungen des Vereinigten Königreichs, der Vereinigten Staaten von Amerika, der Union der Sozialistischen Sowjet-Republiken und die Provisorische Regierung der Französischen Republik übernehmen hiermit die oberste Regierungsgewalt in Deutschland einschließlich aller Befugnisse der deutschen Regierung ..."* Das heißt, das Deutsche Reich besteht weiter, aber die Regierungsgewalt geht in die Hände der vier „siegreichen Mächte" über.

Auch die Gründungen der Bundesrepublik und der DDR bedeuten nicht das Ende des Deutschen Reichs. Denn die BRD und die DDR waren nur ein Instrument der Selbstverwaltung der drei

„Westzonen" bzw. der „Ostzone", das jeweils von den Siegermächten genehmigt wurde. Jede von ihnen war nur auf einem Teil des Deutschen Reichs wirksam. Das bestätigte auch Carlo Schmidt, der Vorsitzende im Hauptausschuss des Parlamentarischen Rats, der das Grundgesetz erarbeitete. Schmidt sagte am 8. September 1948 in seiner Rede vor diesem Parlamentarischen Rat [3]: *„Wir haben unter Bestätigung der alliierten Vorbehalte das Grundgesetz zur Organisation der heute freigegebenen Hoheitsbefugnisse des deutschen Volkes zu beraten und zu beschließen. Wir haben nicht die Verfassung Deutschlands oder Westdeutschlands zu machen. Wir haben keinen Staat zu errichten ..."* Die Bundesrepublik ist also kein neuer Staat. Auch die „Frankfurter Dokumente" [4] geben keinen Hinweis darauf, dass durch die Gründung der Bundesrepublik das Deutsche Reich aufgelöst wurde. Noch klarer drückt es das Bundesverfassungsgericht in seinem Urteil vom 31. Juli 1973 zum Grundlagenvertrag zwischen der Bundesrepublik Deutschland und der Deutschen Demokratischen Republik aus [5]. Bei den Gründen steht in Abschnitt B III:

„Das Grundgesetz – nicht nur eine These der Völkerrechtslehre und der Staatsrechtslehre! – geht davon aus, dass das Deutsche Reich den Zusammenbruch 1945 überdauert hat und weder mit der Kapitulation noch durch Ausübung fremder Staatsgewalt in Deutschland durch die alliierten Okkupationsmächte noch später untergegangen ist; das ergibt sich aus der Präambel, aus Art. 16, Art. 23, Art. 116 und Art. 146 GG. Das entspricht auch der ständigen Rechtsprechung des Bundesverfassungsgerichts, an der der Senat festhält. Das Deutsche Reich existiert fort (BVerfGE 2, 266 (277); 3, 288 (319 f); 5,85 (126); 6,309 (336, 363)), besitzt nach wie vor Rechtsfähigkeit, ist allerdings als Gesamtstaat mangels Organisation, insbesondere mangels institutioneller Organe selbst nicht handlungsfähig ..."

Das alles sind rein theoretische Überlegungen, denn praktisch existiert kein Deutsches Reich mehr. Aber die Frage bleibt, warum nach 1990 – also nach der Wiedervereinigung von Bundesrepublik und DDR – kein „richtiger" Staat geschaffen wurde, mit allem, was zu einem souveränen Staat gehört, d.h. auch einer Verfassung und einem Friedensvertrag.

Gibt es einen Friedensvertrag?

Nach der bedingungslosen Kapitulation im Jahr 1945 wurde kein Friedensvertrag geschlossen. Die meisten Menschen glauben, dass dies 1990 bei der Wiedervereinigung nachgeholt worden sei. Das ist leider falsch. Der Vertrag, mit dem die Wiedervereinigung beschlossen wurde, ist der sog. Zwei-plus-Vier-Vertrag [6]. Sein Name rührt daher, dass die den Vertrag schließenden Parteien die beiden deutschen Staaten und die vier Alliierten USA, Großbritannien, Frankreich und die Sowjetunion waren.

In Artikel 1 dieses Vertrags steht:

„(2) Das vereinte Deutschland und die Republik Polen bestätigen die zwischen ihnen bestehende Grenze in einem völkerrechtlich verbindlichen Vertrag." Dieser Vertrag muss also erst noch geschlossen werden; denn Polen ist am Zwei-plus-Vier-Vertrag überhaupt nicht beteiligt. Ein solcher Vertrag wurde auch zwischenzeitlich nicht geschlossen. Jeder Friedensvertrag müsste die endgültige Grenzziehung regeln. Unsere Vertragspartner müssten alle ehemaligen Feinde sein, also nicht nur die vier Alliierten.

Das bedeutet, dass ein Friedensvertrag noch nicht existiert. Auf das Fehlen eines Friedensvertrags wurde immer wieder hingewiesen, so z.B. schon im sog. „Überleitungsvertrag" [7] von 1955, der anlässlich der Gründung der Bundeswehr zwischen den drei Westmächten und der Bundesrepublik geschlossen wurde:

„Vorbehaltlich einer Friedensregelung mit Deutschland dürfen deutsche Staatsangehörige, die der Herrschaftsgewalt der Bundesrepublik unterliegen ...“ Wichtig ist hier auch, dass zwischen „Deutschland“ und der „Bundesrepublik“ unterschieden wird.

Das Fehlen eines Friedensvertrags hat u.a. die praktische Konsequenz, dass auch die Reparationskosten nicht endgültig geregelt sind. So werden heute noch immer wieder neue Forderungen vorgebracht.

Gibt es eine Verfassung?

Weit verbreitet ist auch der Irrtum, dass das deutsche Grundgesetz eine Verfassung sei. Schließlich legen das die Namen „Verfassungsschutz“ und „Bundesverfassungsgericht“ nahe. Dass das nicht richtig sein kann, zeigt die oben zitierte Rede von Carlo Schmidt. Es ergibt sich aber allein schon aus seiner Entstehungsgeschichte: Das Grundgesetz wurde 1948 nach den Vorgaben der drei Westmächte [4] formuliert, um Regeln für die Bundesrepublik Deutschland einzuführen, die kurze Zeit später von eben diesen drei Mächten gegründet wurde. Dass damit keine Verfassung geschaffen wurde (obwohl die drei Westalliierten das wollten), folgt auch aus der Tatsache, dass keine Volksabstimmung darüber abgehalten wurde, was für eine Verfassung nötig gewesen wäre. Stattdessen trat das Grundgesetz aufgrund einer Genehmigung der drei Westmächte und eines Beschlusses von Vertretern der beteiligten Bundesländer in Kraft.

Auch Art. 146 des Grundgesetzes bestätigt das: *„Dieses Grundgesetz, das nach der Vollendung der Einheit und Freiheit Deutschlands für das gesamte deutsche Volk gilt, verliert seine Gültigkeit an dem Tage, an dem eine Verfassung in Kraft tritt, die von dem deutschen Volke in freier Entscheidung beschlossen worden ist.“* Auch im Zwei-plus-Vier-Vertrag wird darauf hingewiesen, dass Deutschland in Zukunft eine Verfassung bekommen soll (dort Art. 1, Abs. 4). Kann die Bundesrepublik überhaupt ein Staat ohne eine Verfassung sein?

Ist Deutschland souverän?

Im „Zwei-plus-Vier-Vertrag" heißt es (Art. 7):

„(1) Die Französische Republik, das Vereinigte Königreich Großbritannien und Nordirland, die Union der Sozialistischen Sowjetrepubliken und die Vereinigten Staaten von Amerika beenden hiermit ihre Rechte und Verantwortlichkeiten in bezug auf Berlin und Deutschland als Ganzes. Als Ergebnis werden die entsprechenden, damit zusammenhängenden vierseitigen Vereinbarungen, Beschlüsse und Praktiken beendet und alle entsprechenden Einrichtungen der Vier Mächte aufgelöst.

(2) Das vereinte Deutschland hat demgemäß volle Souveränität über seine inneren und äußeren Angelegenheiten."

Oft wird argumentiert, dass trotz dieser „vollen Souveränität" die Siegermächte auch heute noch weitgehende Rechte in Deutschland haben. Denn hier wird nur von den „vierseitigen Vereinbarungen" gesprochen (die in der Zeit von 1945 bis 1948 geschlossen wurden), nicht aber von den Verträgen mit den drei Westmächten (zwischen 1945 und 1990 geschlossen). Als Begründung für diese These dient eine zusätzliche Vereinbarung [8] zum Zwei-plus-Vier-Vertrag, nach der einige Bestimmungen aus dem „Überleitungsvertrag" in der Fassung vom 5. Mai 1955 in Kraft bleiben, die die Souveränität einschränken könnten, vor allem dessen Artikel 2 Absatz 1 des Ersten Teils. Er lautet:

„Alle Rechte und Verpflichtungen, die durch gesetzgeberische, gerichtliche oder Verwaltungsmaßnahmen der Besatzungsbehörden oder auf Grund solcher Maßnahmen begründet oder festgestellt worden sind, sind und bleiben in jeder Hinsicht nach deutschem Recht in Kraft, ohne Rück-

sicht darauf, ob sie in Übereinstimmung mit anderen Rechtsvorschriften begründet oder festgestellt worden sind. Diese Rechte und Verpflichtungen unterliegen ohne Diskriminierung denselben künftigen gesetzgeberischen, gerichtlichen und Verwaltungsmaßnahmen wie gleichartige nach innerstaatlichem deutschem Recht begründete oder festgestellte Rechte und Verpflichtungen.“

Das betrifft z.B. die kurz nach Kriegsende verfügten Urteile und Entscheidungen der alliierten Gerichte (siehe den Ersten und Dritten Teil des Überleitungsvertrags, soweit sie in [8] explizit erwähnt werden) und Enteignungen, Kriegsgräber, Suchdienst, Rückzahlung von Schulden (Sechster, Siebter, Neunter und Zehnter Teil des Überleitungsvertrags, soweit in [8] explizit erwähnt).

Wichtiger ist die Tatsache, dass nach 1945 viele Gesetze und Vorschriften aufgrund von Maßnahmen der Besatzungsbehörden erlassen wurden, so z.B. auch das Grundgesetz. Mit dem ersten Satz der zitierten Stelle „Alle Rechte und Verpflichtungen ... sind und bleiben ... in Kraft“ wird erreicht, dass diese Gesetze nicht neu beschlossen werden müssen. Der zweite Satz der zitierten Stelle ermöglicht es jedoch, sie jederzeit beliebig abzuändern. Das bedeutet, dass hier keinerlei Einschränkung der Souveränität abgeleitet werden kann.

Zu beachten ist jedoch, dass im Ersten Teil Art. 3 Abs. 3 des Überleitungsvertrags auf „Zusatzverträge“ verwiesen wird, die auch nach dem Zwei-plus-Vier-Vertrag in Kraft bleiben. Das sind der *„Vertrag über die Rechte und Pflichten ausländischer Streitkräfte und ihrer Mitglieder in der Bundesrepublik Deutschland“* und der *„Finanzvertrag“*, in dem sich die Bundesrepublik verpflichtet, einen finanziellen Beitrag zur Verteidigung zu leisten. Interessant ist, dass der erste dieser Verträge die Stationierung der französischen, britischen und US-amerikanischen Besatzungstruppen regelt. Er wurde noch

1990, also nach dem Zusammenbruch des Ostblocks, ausdrücklich bestätigt, obwohl er zur Verteidigung Westdeutschlands sicher nicht mehr nötig war.

Oft wird als Beweis für die fehlende Souveränität Deutschlands die sog. „Kanzlerakte" [9] zitiert. Das ist angeblich ein Schriftstück, das jeder Bundeskanzler vor seinem Amtsantritt unterzeichnen muss, womit er den drei siegreichen Westmächten besondere Rechte in Deutschland einräumt. Als Beweis dafür dient das Schreiben eines Ministers Rieckermann, das auch kurz den Inhalt der „Kanzlerakte" umreißt. Hier handelt es sich jedoch um eine recht primitive Fälschung. Das Schreiben hat keinen ordentlichen Briefkopf, ist mit einer Schreibmaschine verfasst, die spätestens aus den 50er Jahren des letzten Jahrhunderts stammt, trägt aber als Datum den 14. August 1996. Außerdem hat der Verfasser, ein „Staatsminister Rickermann", vermutlich nie existiert [10]. Es gibt noch weitere Unstimmigkeiten, die jeder Laie sofort erkennen kann.

Die Fälschung ist so offensichtlich, dass sie möglicherweise eigens in einer Weise angefertigt wurde, dass man dies leicht erkennt und das ganze Gerede über die Kanzlerakte damit lächerlich gemacht wird. Auf keinen Fall kann aber aus der Existenz einer primitiven Fälschung geschlossen werden, dass eine „Kanzlerakte" nicht existiert. Im Gegenteil: Nach der Aussage von Egon Bahr [11] gab es zumindest früher ein Dokument, das jeder Bundeskanzler vor seinem Amtsantritt unterzeichnen musste.

Merkwürdig ist auch eine weitere Tatsache [12]: Fast die gesamten Goldreserven der deutschen Bundesbank von rund 3.400 t, die seit dem Zweiten Weltkrieg aufgebaut wurden, sind in der Obhut der drei westlichen Siegermächte: Die US-amerikanische Federal Reserve Bank verwahrt rund 66% davon, die Bank of England 21% und die Banque de France 8%. Nur 5% lagern in Deutschland. Dazu behauptet die Bundesregierung [13], bei der Lagerung unserer Goldreserven lasse sich die Deutsche Bundesbank von den Grundsätzen der Sicherheit, Kosteneffizienz und Liquidität leiten. Ist denn Deutschland nicht in der Lage, die nötige Sicherheit kostengünstig zu garantieren? Beispielsweise lagern die riesigen Goldreserven der Schweiz völlig sicher in einem Haus an einem zentralen Platz in Bern. Dazu musste kein eigenes Gebäude erstellt werden. Ist es wirklich sicherer und kostengünstiger, wenn wir unsere Reserven im Ausland lagern? Können wir im Bedarfsfall schnell und vor allem sicher genug darauf zurückgreifen?

Zum Schluss sei noch Bundesfinanzminister Schäuble zitiert. Er sagte am 18. November 2011 auf dem Frankfurter European Banking Congress vor etwa 300 Vertretern der internationalen Hochfinanz wörtlich [14]: *„Wir in Deutschland sind seit dem 8. Mai 1945 zu keinem Zeitpunkt mehr voll souverän gewesen."* Außerdem stimmt es bedenklich, dass das ganze Durcheinander mit dem Fortbestehen des Deutschen Reichs auch nach der Wiedervereinigung nicht beendet werden konnte und dass es noch keinen Friedensvertrag gibt. Eine Konsequenz davon ist noch eine weitere Absurdität:

Feindstaatenklausel der UNO

In der Charta der Vereinten Nationen wird Deutschland immer noch als „Feindstaat" betrachtet, obwohl die Bundesrepublik und die DDR der UNO bereits 1973 beigetreten sind. Die UN-Charta von 1948 [15], die die Grundlage der UNO bildet, stellt in Art. 53 fest:

„(1) Ohne Ermächtigung des Sicherheitsrats dürfen Zwangsmaßnahmen auf Grund regionaler Abmachungen oder seitens regionaler Einrichtungen nicht ergriffen werden; ausgenommen sind Maßnahmen gegen einen Feindstaat im Sinne des Absatzes 2, soweit sie in Artikel 107 oder

in regionalen, gegen die Wiederaufnahme der Angriffspolitik eines solchen Staates gerichteten Abmachungen vorgesehen sind; ...

(2) Der Ausdruck „Feindstaat" in Absatz 1 bezeichnet jeden Staat, der während des Zweiten Weltkriegs Feind eines Unterzeichners dieser Charta war."

Der hier zitierte Art. 107 der Charta enthält folgende Passage:

„Maßnahmen, welche die hierfür verantwortlichen Regierungen als Folge des Zweiten Weltkriegs in Bezug auf einen Staat ergreifen oder genehmigen, der während dieses Krieges Feind eines Unterzeichnerstaats dieser Charta war, werden durch diese Charta weder außer Kraft gesetzt noch untersagt."

Auch in Art. 77 findet sich ein Hinweis auf Deutschland als Feindstaat. Auf den ersten Blick scheint es ein Widerspruch zu sein, dass die Bundesrepublik einerseits Mitglied der UNO, ja sogar bisweilen nicht-ständiges Mitglied des Sicherheitsrats ist, andererseits Deutschland als Feindstaat bezeichnet wird. Die Lösung des Rätsels besteht darin, dass zwischen „Deutschland" und der „Bundesrepublik" unterschieden wird. Das macht deutlich, dass man den status quo erhalten will, bei dem die Bundesrepublik lediglich die Regierungsgeschäfte im „Geltungsbereich des Grundgesetzes" ausführt.

Man kann nicht behaupten, diese Feindstaatenklausel sei einfach vergessen worden. Denn statt sie zu streichen, wurden die Art. 53, 77 und 107 der Charta durch die Resolution 50/52 der Generalversammlung [16] nur für „hinfällig" (engl.: obsolete) erklärt. Eine Resolution hat aber einen weit geringeren Stellenwert als eine Streichung in der Charta. In der genannten Resolution steht zwar ausdrücklich, dass die erwähnten Passagen in einer der nächsten Vollversammlungen gestrichen werden sollen. Trotzdem ist das nie geschehen. Das macht die Einstellung einiger Mitgliedstaaten der

UNO zu Deutschland deutlich. Und das, obwohl die Bundesrepublik nach den USA und Japan der drittgrößte Beitragszahler ist!

Hier muss nochmals auf die Tatsache hingewiesen werden, dass es keinen Friedensvertrag gibt. Würde die Bundesrepublik (oder eine andere Organisationsform) die rechtliche Nachfolge des Deutschen Reichs antreten wollen, so befände sie sich im Krieg. Sogar die UNO-Charta würde Angriffe auf Deutschland erlauben. Natürlich würde es zumindest in der jetzigen Situation nicht zu Kampfhandlungen kommen. Aber die ehemaligen Feindstaaten hätten ein Faustpfand dafür, dass alle bisherigen Vereinbarungen über Gebietsabtretungen, Reparationszahlungen usw. eingehalten würden – wobei Nachforderungen nicht ausgeschlossen wären.

Wie kann die Zukunft aussehen?

Eine Zukunftsvision besonderer Art beschrieb Bundesminister Schäuble in der bereits zitierten Rede [14] vom 18. November 2011. Die Passage lautet:

„Die Kritiker, die meinen, man müsse eine Kongruenz zwischen allen Politikbereichen haben, die gehen ja in Wahrheit von dem Regelungsmonopol des Nationalstaates aus. Das war die alte Rechtsordnung, die dem Völkerrecht noch zugrunde liegt, mit dem Begriff der Souveränität, die in Europa längst ad absurdum geführt worden ist, spätestens in den zwei Weltkriegen der ersten Hälfte des vergangenen Jahrhunderts, und wir in Deutschland sind seit dem 8. Mai 1945 zu keinem Zeitpunkt mehr voll souverän gewesen. Und deswegen ist der Versuch in der europäischen Einigung, eine neue Form von Governance zu schaffen, wo eben es nicht eine Ebene, die für alles zuständig ist, und die dann im Zweifel durch völkerrechtliche Verträge bestimmte Dinge auf andere überträgt, nach meiner festen Überzeugung für das 21. Jahrhundert ein sehr viel zukunftsweisenderer Ansatz als der Rückfall in die Regelungsmonopolstellung des

klassischen Nationalstaats in vergangenen Jahrhunderten. Ich möchte Ihnen ganz klar sagen, dass ich ziemlich überzeugt bin, dass wir in einer Zeit von weniger als 24 Monaten in der Lage sind und in der Lage sein werden, das europäische Regelungswerk so zu verändern. Sie brauchen nur das Protokoll Nr. 14, wer es nachlesen möchte, im Lissabon-Vertrag so auszubauen, dass wir da wahrscheinlich die Grundzüge der Fiskalunion für die Eurozone schaffen, sobald wir die Eurokrise gelöst haben."

Im Klartext: Schäuble will die „klassischen Nationalstaaten" wie Deutschland auflösen und die Entscheidungsgewalt auf unterschiedliche Schultern verteilen, also auch nicht auf die EU in ihrer bisherigen Form, die ja quasi ein neuer Nationalstaat wäre. Die entscheidende Botschaft ist, dass es eben nicht eine Ebene gibt, die für alles zuständig ist – wie die Kommission in der EU –, sondern eine neue Form, in der für verschiedene Bereiche unterschiedliche Institutionen verantwortlich sein sollen. Das ist auf demokratische Weise nicht mehr möglich, denn man kann nicht eine Wahl für die Außenpolitikregierung, eine für die Wirtschaftsregierung, eine für die Finanzregierung usw. durchführen. Wie eine Finanzregierung nach Schäubles Vorstellung aussehen soll, sieht man am ESM (siehe unten), den er mitgestaltet hat: Dabei werden wichtige Entscheidungen über die Finanzen der Euro-Länder immer weniger von den Nationalstaaten und der EU, sondern zunehmend auch von Bankern getroffen [17], die keinerlei demokratische Legitimation, dafür aber starke Eigeninteressen besitzen. Das Problem ist, dass Schäuble die Macht hat, seine Vorstellungen zumindest auf dem Finanzsektor in Europa durchzusetzen und so die Souveränität der Euro-Staaten und die Demokratie noch weiter einzuschränken.

Alle diese Fragen verlieren jedoch immer mehr an Bedeutung. Denn unabhängig vom gegenwärtigen Status Deutschlands müssen für alle Länder die Begriffe „Nation" und „Souveränität" neu überdacht werden, weil in allen Staaten die Globalisierung, insbesondere die transnationalen Konzerne und der Internationale Währungsfonds IWF, eine eigenständige Wirtschafts- und Finanzpolitik wesentlich erschweren oder gar unmöglich machen. Manchmal versuchen die Konzerne sogar mit Erfolg, nicht nur die Wirtschaftspolitik eines Landes zu beeinflussen [18].

Auch so etwas wie eine biologische Identität einer Nation wäre wegen der zunehmenden Mobilität auf Dauer nicht möglich.

Dazu kommt, dass unterschiedliche Sprachen und Bildungssysteme für die transnationalen Konzerne und Behörden ein Hindernis darstellen, wenn sie ihre Mitarbeiter mit deren Familien von einem Land in ein anderes versetzen. Um die Mobilität aller Menschen zu fördern, bestehen starke Tendenzen, die verschiedenen Sprachen und die geschichtlich gewachsenen kulturellen Eigenheiten zu reiner Folklore verkommen zu lassen. Der Vormarsch des Englischen in alle Lebensbereiche und die Umstellung auf das angelsächsische Bildungssystem zeigen den bisherigen Erfolg dieser Bemühungen.

Diese Bestrebungen führen sicher nicht zu mehr Frieden, zumindest nicht in Europa. Das Scheitern der Versuche, beispielsweise in den UdSSR, Jugoslawien, Belgien und Spanien (mit den Basken) –, Länder mit unterschiedlichen Sprachen in einem Staat zusammenzufassen, sollte uns eine Warnung sein. In der Schweiz funktioniert die Mehrsprachigkeit trotz gewisser Animositäten der Suisse Romande gegen den deutschsprachigen Teil, weil politisch möglichst viel auf Gemeinde- und Kantonsebene entschieden wird, wo Diskussionen und Volksabstimmungen stattfinden können. Hier gibt es kein Sprachproblem. Es ist fraglich, ob die Schweiz mit einer zentralistischen Regierung überlebensfähig wäre.

Kurz: Eine Internationalisierung lässt sich kaum aufhalten – ob wir sie wollen oder nicht. Sie hat durchaus auch positive Aspekte.

Dabei sollte aber jede Nation und jede Kultur darauf achten, dass sie ihrem Wesen nach erhalten bleibt und dass in den Mitgliedstaaten eine lebendige Demokratie entsteht, die für alles zuständig ist, was eine Regierung in ihrem Bereich erledigen kann. Nur die Dinge, die auf europäischer Ebene geregelt werden müssen, sollten dort entschieden werden, und zwar in einer echten Demokratie.

Quellen und Anmerkungen

Die letzten Zugriffe, bei denen die unten angegebenen Internetadressen verifiziert wurden, waren im Sommer 2012. Die Adressen können sich im Lauf der Zeit ändern. In diesem Fall ist davon auszugehen, dass die Dokumente trotzdem noch unter anderen Adressen zu finden sind.

[1] Die Siegermächte USA, Großbritannien, Sowjetunion und Frankreich bezeichneten sich als die „Alliierten".

[2] Erklärung in Anbetracht der Niederlage Deutschlands und der Übernahme der obersten „Regierungsgewalt hinsichtlich Deutschlands" in: Rechtsstellung Deutschlands. dtv 5552, 1985. www.documentarchiv.de/in/1945/niederlage-deutschlands_erkl.html

[3] Rede von Carlo Schmid vor dem Parlamentarischen Rat vom 8. September 1948 zum Thema Grundgesetz. Stenographischer Bericht des Parlamentarischen Rats, Sitzungen 1-12. Buchdruckerei Gebr. Scheuer, Bonn 1949. S. 70 ff.

[4] Frankfurter Dokumente betreffend die Einberufung einer verfassungsgebenden Nationalversammlung, die Änderungen der innerdeutschen Landesgrenzen und die Leitsätze für ein Besatzungsstatut vom 1.7.1948. Wiesbaden 1948. Siehe z.B. www.documentarchiv.de/brd/frftdoc.html
Vgl auch: Ingo Münch (Hrsg.): Dokumente des geteilten Deutschland. Quelltexte zur Rechtslage des Deutschen Reiches, der Bundesrepublik Deutschland und der Deutschen Demokratischen Republik. Kröner, Stuttgart 1976 (2 Bände). S. 88 ff
Germany 1947–1949. The story in documents. Washington, DC 1950, S. 275 ff.

Der Parlamentarische Rat 1948–1949. Akten und Protokolle. Hrsg. vom Deutschen Bundestag und vom Bundesarchiv unter Leitung von Kurt Georg Wernicke. Boldt, Boppard am Rhein

[5] Bundesverfassungsgericht 2BvF 1/73 vom 31. Juli 1973, veröffentlicht in BVerfGE 36,1 (31.7.1973),

www.servat.unibe.ch/dfr/bv036001.html

[6] Vertrag über die abschließende Regelung in bezug auf Deutschland, Zwei-plus-Vier-Vertrag. Moskau, 12. September 1990 Papier, Kunststoff, Stoff (Faksimile) 36,7 x 27,5 x 3,6 cm. Haus der Geschichte, Bonn EB-Nr.: 1994/05/0349. Siehe z.B. www.documentarchiv.de/brd/2p4.html

[7] Vertrag zur Regelung aus Krieg und Besatzung entstandener Fragen („Überleitungsvertrag", geänderte Fassung in Kraft getreten am 5. Mai 1955), Neunter Teil, Artikel (1), veröffentlicht in BGBl. 1955 II, S. 405 ff. – Die Gültigkeit dieser Bestimmung ergibt sich aus der „Vereinbarung vom 27./28 September 1990 zu dem Vertrag über die Beziehungen zwischen der Bundesrepublik Deutschland und den Drei Mächten (in geänderter Fassung) sowie zu dem Vertrag zur Regelung aus Krieg und Besatzung entstandener Fragen (in geänderter Fassung)". BGBl. 1990 II S. 1386 ff.

[8] Vgl. [7]: In der „Vereinbarung vom 27./28 September 1990 zu dem Vertrag über die Beziehungen zwischen der Bundesrepublik Deutschland und den Drei Mächten (in geänderter Fassung) sowie zu dem Vertrag zur Regelung aus Krieg und Besatzung entstandener Fragen (in geänderter Fassung)" steht:
„3. Folgende Bestimmungen des Überleitungsvertrags bleiben jedoch in Kraft:
Erster Teil: Artikel 1 Absatz 1 Satz 1 bis „... Rechtsvorschriften aufzuheben oder zu ändern" sowie Absätze 3, 4 und 5, Artikel 2 Absatz 1, Artikel 3 Absätze 2 und 3, Artikel 5 Absätze 1 und 3, Artikel 7 Absatz 1, Artikel 8
Dritter Teil: Artikel 3 Absatz 5 Buchstabe a des Anhangs, Artikel 6 Absatz 3 des Anhangs
Sechster Teil: Artikel 3 Absätze 1 und 3
Siebenter Teil: Artikel 1, Artikel 2
Neunter Teil: Artikel 1
Zehnter Teil: Artikel 4

[9] staseve.wordpress.com/2011/10/26/die-geheime-kanzlerakte-jeder-bundeskanzler-geschaftsfuhrer-der-treuhandverwaltung-unterschreibt-sie-in-washington/

Auch die Darstellung auf S. 21/22 des Buchs „Die deutsche Karte" von G.-H. Komossa (Ares Verlag 2007) beruhen nach Aussagen des Autors auf diesem Dokument.

[10] krr-faq.net/kanzlerakte.php

[11] Egon Bahr in: Die Zeit Nr. 21 vom 14.5.2009, www.zeit.de/2009/21/D-Souveraenitaet :

„Ich brachte Brandt meinen Entwurf für einen Brief an seinen sowjetischen Kollegen Kossygin, dem er einen informellen Meinungsaustausch anbieten wollte. Brandt war wichtiger, zu berichten, was ihm „heute passiert" war. Ein hoher Beamter hatte ihm drei Briefe zur Unterschrift vorgelegt. Jeweils an die Botschafter der drei Mächte – der Vereinigten Staaten, Frankreichs und Großbritanniens – in ihrer Eigenschaft als Hohe Kommissare gerichtet. Damit sollte er zustimmend bestätigen, was die Militärgouverneure in ihrem Genehmigungsschreiben zum Grundgesetz vom 12. Mai 1949 an verbindlichen Vorbehalten gemacht hatten. Als Inhaber der unkündbaren Siegerrechte für Deutschland als Ganzes und Berlin hatten sie diejenigen Artikel des Grundgesetzes suspendiert, also außer Kraft gesetzt, die sie als Einschränkung ihrer Verfügungshoheit verstanden. Das galt sogar für den Artikel 146, der nach der deutschen Einheit eine Verfassung anstelle des Grundgesetzes vorsah. Artikel 23 zählte die Länder auf, in denen das Grundgesetz „zunächst" gelten sollte, bis es in anderen Teilen Deutschlands „nach deren Beitritt" in Kraft zu setzen sei. Diese Vorwegnahme der Realität im Jahre 1990 konnten die Drei 1949 weder genehmigen noch ahnen. Gravierend für diese ganze Zeitspanne war, dass sie Groß-Berlin aus dem Artikel 23 amputierten, was dem ehemaligen Regierenden Bürgermeister natürlich vertraut war."

Brandt war empört, dass man von ihm verlangte, „einen solchen Unterwerfungsbrief" zu unterschreiben. Schließlich sei er zum Bundeskanzler gewählt und seinem Amtseid verpflichtet. Die Botschafter könnten ihn wohl kaum absetzen! Da musste er sich belehren lassen, dass Konrad Adenauer diese Briefe unterschrieben hatte und danach Ludwig Erhard und danach Kurt Georg Kiesinger. Dass aus den Militärgouverneuren inzwischen Hohe Kommissare geworden waren und nach dem sogenannten Deutschlandvertrag nebst Beitritt zur Nato 1955 die deutsche Souveränität verkündet worden war, änderte daran nichts. Er schloss: „Also habe ich auch unterschrieben" – und hat nie wieder davon gesprochen."

[12] Diese Angaben sind: de.wikipedia.org/wiki/Deutsche_Goldreserven entnommen. Die Tatsache, dass der größte Teil der Goldreserven an den drei genannten Stellen liegt, geht auch aus einer Anfrage von Peter Gauweiler im Deutschen Bundestag hervor: Deutscher Bundestag Drucksache 17/3807 vom 19.11.2010. Aber auch auf eine Nachfrage hin werden die gelagerten Mengen nicht einzeln bekannt gegeben: Deutscher Bundestag Drucksache 17/4154 vom 10.12.2010. Siehe auch „Anträge und Initiativen" auf www.peter-gauweiler.de

[13] Deutscher Bundestag Drucksache 17/4154 vom 10.12.2010

[14] www.youtube.com/watch?v=iKd4lpNR3os www.youtube.com/watch?v=2IRnDOtu1z8
eine Transskription dieser Passage der Rede ist zu finden in: www.dasgelbeforum.de.org/board_entry.php?id=240956

[15] Charta der Vereinten Nationen vom 26. Juni 1945

[16] In der UNO-Resolution 50/52 von 1995 wurde die Feindstaatenklausel zwar als „hinfällig" (im englischen Original: „obsolete") erklärt. Aber „hinfällig" ist nicht gleichbedeutend mit „aufgehoben". In dieser Resolution wurde außerdem festgehalten, dass die Streichung der Feindstaatenklausel so schnell wie möglich erfolgen sollte. Sie ist jedoch bis heute nicht geschehen. In der offiziellen Übersetzung heißt es:

„... in der Erwägung, dass die ‚Feindstaaten'-Klauseln in den Artikeln 53, 77 und 107 der Charta in Anbetracht der weitreichenden Veränderungen, die in der Welt eingetreten sind, hinfällig geworden sind, ... bringt ihre Absicht zum Ausdruck, auf ihrer nächsten dafür geeigneten Tagung das in Artikel 108 der Charta der Vereinten Nationen vorgesehene Verfahren für eine Änderung der Charta, mit in die Zukunft gerichteter Wirkung, durch Streichung der ‚Feindstaaten'-Klauseln in den Artikeln 53, 77 und 107 einzuleiten ...;"

[17] Am 6. September 2012 hat die Europäische Zentralbank EZB entschieden, „unbegrenzt" Staatsanleihen aus den Euro-Krisenländern aufzukaufen:

www.faz.net/aktuell/wirtschaft/europas-schuldenkrise/ratssitzung-ezb-will-ohne-limit-staatsanleihen-kaufen-11880988.html

Das ist gegen die EU-Verträge, die das ausdrücklich verbieten. Die EZB ist keinem demokratisch legitimierten Gremium Deutschlands verantwortlich, aber Deutschland haftet für 27% der EZB. – Zu den Rollen des Direktoriums und des Geschäftsführenden Direktors im ESM, die ebenfalls nur von Bankern besetzt sind, siehe unten.

[18] John Perkins: Bekenntnisse eines Economic Hitman. Goldmann, München 2007, ISBN 978-3-442-15424-1

2. Die Europäische Union

Mit dem Vertrag von Lissabon von 2008 und mit dem Europäischen Stabilitätsmechanismus ESM von 2012 haben wir viele der verbliebenen Souveränitätsrechte auf die EU übertragen. Wie wir im letzten Kapitel gesehen haben, wollen einige Politiker noch weiter gehen und die „klassischen Nationalstaaten" auflösen. Bekommen wir auf diese Weise als Europäer unsere volle Souveränität in einer echten Demokratie? Wer regiert in der EU?

Schon heute bestimmt die EU unser tägliches Leben auf Schritt und Tritt, angefangen von Kleinigkeiten wie der Gestalt von Autokennzeichen bis hin zur Wirtschafts- und Finanzpolitik. Etwa 80% aller neuen deutschen Gesetze sind nur Umsetzungen von Vorgaben der EU in deutsches Recht. Deshalb ist es nötig, dass wir uns ihre Entscheidungsstrukturen näher ansehen.

Zuvor aber noch eine wichtige Bemerkung: Europa wird von der überwältigenden Mehrheit seiner Einwohner als ein großartiges Projekt gesehen. Es ist faszinierend, nach all den Kriegen in der Vergangenheit einer gemeinsam gestalteten Zukunft entgegenzugehen. Und alle, die in Urlaub fahren, freuen sich, dass die lästigen Grenzkontrollen weggefallen sind und der Geldwechsel in den Ländern der Euro-Zone nicht mehr nötig ist. Man muss aber zwischen der Idee eines vereinten Europa und der konkreten Europäischen Union unterscheiden, die gleich mit einer ganze Reihe von Geburtsfehlern fertig werden muss.

Wie sind die EU-Gremien entstanden?

1990 wurde im Zuge der Wiedervereinigung ins deutsche Grundgesetz ausdrücklich die Möglichkeit eingefügt, Souveränitätsrechte auf die Europäische Union zu übertragen. In seinem Art. 23 steht: *„Zur Verwirklichung eines vereinten Europas wirkt die Bundesrepublik Deutschland bei der Entwicklung der Europäischen Union mit, die demokratischen, rechtsstaatlichen, sozialen und föderativen Grundsätzen und dem Grundsatz der Subsidiarität verpflichtet ist und einen diesem Grundgesetz im wesentlichen vergleichbaren Grundrechtsschutz gewährleistet."* Sind diese Voraussetzungen erfüllt?

Bei der Gründung der Europäischen Gemeinschaft (EG) in den fünfziger Jahren des letzten Jahrhunderts war ihr oberstes Organ der *(Minister-)*Rat, der sich aus den Fachministern der Mitgliedsstaaten zusammensetzte. Der Rat tagte also für die verschiedenen Fachbereiche in unterschiedlicher Besetzung. Die *Kommission* (anfänglich *„Hohe Behörde"* genannt) führt die Beschlüsse des Rats aus (Exekutive). Jedes Mitgliedsland schlug ursprünglich einen (Belgien, Dänemark, Griechenland, Irland, Luxemburg, Niederlande) bzw. zwei (Deutschland, Frankreich, Großbritannien, Italien) EU-Kommissare vor. Sie wurden im Einvernehmen mit den Verbänden der Wirtschaft für vier Jahre ernannt. 1974 kam der *Europäische Rat* hinzu, der aus den Regierungschefs der Mitgliedsländer besteht. Er gibt die grundsätzlichen Impulse für die Politik und für die Weiterentwicklung der Gemeinschaft. Seit 1979 gibt es auch das *Europäische Parlament,* das von den EU-Bürgern direkt gewählt wird. Dabei benötigt ein EU-Abgeordneter in Deutschland etwa 11 Mal so viele Stimmen wie einer in Luxemburg [1]. Auf diese Weise wollte man ein Übergewicht der großen Staaten vermeiden.

Außerdem wurde der *Europäische Gerichtshof* gegründet, der die Einhaltung der EU-Verträge überwacht.

Die Situation heute

Im Jahr 1993 erhielt die EG mit dem Vertrag von Maastricht viele neue Befugnisse. Das drückt sich auch in der Umbenennung in „Europäische Union" (EU) aus. Dabei ist es wichtig sich daran zu erinnern, dass das Europäische Parlament erst ziemlich spät gegründet wurde und dass es deshalb nur sehr eingeschränkte Kompetenzen besitzt, weil den schon existierenden Gremien kaum Befugnisse weggenommen werden sollten. So darf es keine Regierung aufstellen. Es bestätigt zwar die EU-Kommission (die die Befugnisse einer Regierung hat) als Ganzes, d.h. alle Kommissare zusammen, die von den Mitgliedsländern und dem Kommissionspräsidenten vorgeschlagen werden. Theoretisch kann es auch die Kommission als Ganzes abwählen. Aber es kann nicht einzelne Entscheidungen der Kommission kritisieren oder einzelne Kommissare abwählen. Von allen Grundsatzentscheidungen, aber auch von der Finanzpolitik wie dem Euro-Rettungsschirm sowie von der Außen- und Verteidigungspolitik ist es völlig ausgeschlossen. Es kann auch keine Gesetzesentwürfe einbringen, sondern lediglich die Entwürfe der Kommission zusammen mit dem Ministerrat beschließen oder ablehnen. Das EU-Parlament besitzt also nicht die Befugnisse, die ein Parlament normalerweise hat.

Die Macht in der EU liegt in der Hand der Kommission, die nicht demokratisch gewählt wird. Sie ist die Exekutive, also vergleichbar einer Regierung. Nur sie kann Gesetzesentwürfe formulieren; in vielen Fällen ist sie auch die erste Instanz bei juristischen Auseinandersetzungen. Eine echte Gewaltenteilung zwischen Gesetzgebung, Regierung und Rechtsprechung existiert demnach nicht [2]. Nach den Kriterien des Philosophen Montesquieu herrscht deshalb in der EU ein Despotismus.

Dabei ist es ein besonderes Problem, dass die Kommission 22.000 Mitarbeiter hat, auf die rund 15.000 Lobbyisten (d.h. Interessenvertreter irgendwelcher Gruppen) einwirken. Etwa 13.000 davon werden von Konzernen und Wirtschaftsverbänden entsandt. Die offiziell registrierten Lobbyisten haben ständigen Zugang zu den EU-Kommissionen und deren Mitarbeitern und formulieren die Gesetzesentwürfe ganz wesentlich mit.

Das wird auch dadurch nicht besser, dass meistens, aber nicht in allen Fällen angekündigt wird, an welchen neuen Themen die Kommission arbeitet. Theoretisch kann sich dann jede und jeder mit Vorschlägen einbringen. Praktisch scheitert das daran, dass diese Transparenz bei weitem nicht in allen Verfahren herrscht und dass es der Kommission freisteht, welche Leute sie als Lobbyisten zulässt. Von den vielen nicht offiziell registrierten Lobbyisten werden vor allem die Vertreter von Wirtschaftsverbänden gehört, welche jährlich viele Millionen Euro für diese Arbeit ausgeben.

Auch in deutschen Ministerien gab es immer wieder Skandale wegen der Lobbyarbeit von Interessenverbänden, besonders wegen der sog. „Leihbeamten". Das sind Mitarbeiter in Ministerien, die von Firmen oder Verbänden bezahlt werden. Natürlich vertreten sie vor allem die Interessen ihrer Arbeitgeber und nicht die der Bürger. Kim Otto äußerte in einem Interview [3], dass zwischen 2004 und 2006 im Schnitt pro Jahr 100 Leihbeamte in den Bundesministerien arbeiteten. Dabei vertraten mehr als 60% dieser externen Mitarbeiter die Bundesregierung bei Veranstaltungen und Verhandlungen. Über 20% haben sich direkt an der Formulierung von Gesetzen und Verordnungen beteiligt. Besonders problematisch waren die Vergabe der LKW-Maut und die Zulassung der Hedgefonds. Das Gesetz, das die Hedgefonds legalisierte, wurde zwischen Januar und August 2003 formuliert. Genau zu dieser Zeit saß eine Mitarbeiterin des „Bundesverbands Investment und Asset Management e.V." als Leihbeamtin in der Abteilung „nationale und internationale Finanzmarkt- und Währungspolitik" des Finanzministeriums [3]. Ein anderer Fall, der besonderes Medieninteresse auf sich zog, war der eines Angestellten des Frankfurter Flughafens, der an der Überarbeitung des Fluglärmgesetzes mitarbeitete [4]. Inzwischen hat diese Praxis der Leihbeamten aufgrund der öffentlichen Proteste an Bedeutung verloren. Das heißt aber nicht, dass der direkte Einfluss der Konzerne und Wirtschaftsverbände geringer geworden ist. Die elektronische Kommunikation macht nur ihre ständige physische Anwesenheit weitgehend überflüssig.

Der Unterschied zwischen der EU-Kommission und der Bundesregierung ist hier, dass die Leihbeamten in Deutschland möglichst verborgen bleiben wollen, um die öffentliche Empörung über die Einflussnahme der Wirtschaft zu vermeiden. Die Lobbyisten in der EU-Kommission arbeiten dagegen ganz offiziell an den Gesetzesentwürfen mit. Das wäre leichter zu ertragen, wenn sich jeder als Lobbyist registrieren könnte. Die Kommission muss aber keine Rechenschaft darüber abgeben, wen sie dafür zulässt und wen sie ablehnt. Ein tragfähiges Recht kann dagegen nur entstehen, wenn alle Seiten gleichberechtigt gehört werden.

Der überstarke Einfluss des Kapitals auf die EU im Vergleich zu den Bedürfnissen der Gesamtgesellschaft drückt sich besonders hart in den beiden Verträgen aus, die heute die Grundlage der EU bilden [5], [6]. Das sind der „EU-Vertrag" EUV und der „Vertrag über die Arbeitsweise der Union" AEUV. Dort werden für die Wirtschaft folgende Ziele festgeschrieben: Wettbewerbsfähigkeit der Wirtschaft, der freie Waren- [7] und Geldverkehr [8] sowie eine weitestgehende Privatisierung [9], d.h. der Rückzug des Staates sogar aus wichtigen Bereichen der Daseinsvorsorge wie Wasserversorgung, Verkehr, öffentliche Verwaltung, höhere Bildung, Krankenfürsorge, Bau von Gefängnissen usw.

Diese Privatisierung ist in der Vergangenheit die Bürger schon mehrmals teuer zu stehen gekommen. Denn schließlich wollen die Firmen, die diese Dienste übernehmen, daran möglichst gut verdienen, während die öffentliche Hand keinen Gewinn machen muss.

Maßnahmen wie die Förderung der Beschäftigung, die Verbesserung der Lebens- und Arbeitsbedingungen und ein angemessener sozialer Schutz sind zwar erklärte Ziele der Union. Sie werden jedoch dem obersten Ziel, nämlich der Wettbewerbsfähigkeit der Wirtschaft, untergeordnet. Dabei ist die Formulierung im AEUV so unklar [10], dass man damit alles begründen könnte, auch die Blockade jedes Fortschritts in den oben aufgezählten Bereichen.

Militäreinsätze

Die EU als Wirtschaftsmacht geht so weit, dass der EU-Vertrag sogar Militäreinsätze „zur Wahrung der Werte der Union und im Dienste ihrer Interessen" ermöglicht [11]. So kann z.B. zur Sicherung von Ölquellen eine militärische „Mission" durchgeführt werden. Der EU-Ministerrat entscheidet hinter verschlossenen Türen über Kriegseinsätze und militärische Aufrüstung. Kein Parlament, weder das der EU noch der Deutsche Bundestag, können diese Entscheidungen ändern.

Diese Militäreinsätze stehen nicht nur auf dem Papier. Sie wurden von Bundespräsident Köhler gefordert; die Verteidigungsminister zu Guttenberg und de Maizière bauten die Bundeswehr entsprechend um [12]. Aus diesem Grund wurde die Bundeswehr von einer Verteidigungsarmee, die auf deutschem Boden operiert, quasi zu einer Söldnerarmee umstrukturiert, die in kürzester Zeit auch in anderen Erdteilen kämpfen kann.

Bei solchen Einsätzen soll die militärische und politische Leitung (auch für die Bundeswehr!) künftig von einem Komitee der EU übernommen werden, das nicht demokratisch gewählt ist [13]. Das EU-Parlament muss über Kampfeinsätze nur sporadisch unterrichtet werden [14], der Bundestag überhaupt nicht. Die Außen- und Sicherheitspolitik kann von keinem Gericht überprüft werden [15].

Was das praktisch bedeutet, wird in dem Dokument „Ein sicheres Europa in einer besseren Welt. Europäische Sicherheitsstrategie" [16] beschrieben. Dort steht auf S. 7: „In gescheiterten Staaten können militärische Mittel zur Wiederherstellung der Ordnung und humanitäre Mittel zur Bewältigung der Notsituation erforderlich sein." Nach welchen Kriterien wird entschieden, wann ein Staat im Sinn der EU und ihrer neoliberalen Wirtschaftspolitik gescheitert ist?

Noch konkreter wird die Studie „European Defence" [17]. Dabei handelt es sich zwar um kein bindendes Dokument, sondern nur um einen Vorschlag. Hier wird offen die Möglichkeit angesprochen, bei Konflikten britische und französische Nuklearstreitkräfte mit einzubeziehen (S. 68), und zwar nicht nur zur Abwehr von Terrorismus oder militärischer Bedrohung. Auf S. 83 wird ein Szenario diskutiert, bei dem in einem Öl-Staat eine anti-westliche Regierung die Macht übernimmt und dadurch die Öllieferungen nach Europa gefährdet werden. Hier ist es das strategische Ziel der Union, das „besetzte Gebiet zu befreien und die Kontrolle über einige der Öl-installationen, Pipelines und Häfen des Landes x zu erhalten."

Der Europäische Gerichtshof

Ein weiteres Problem stellt der Europäische Gerichtshof EuGH dar. Er wurde als höchstes Gericht in Europa geschaffen, um Streitigkeiten über die Auslegung und Einhaltung der Verträge in der Union zu entscheiden. Er fühlt sich dazu berufen [18], [19], die Macht der Kommission auch über die bestehenden Verträge hinaus auszuweiten. Das ist illegal, weil die EU (nach dem Völkerrecht) ihre Kompetenzen und ihre Macht einzig aus den EU-Verträgen bezieht. Aber der EuGH ist das höchste europäische Gericht. Er hat faktisch unbeschränkte Kompetenzen; seine Urteile können nicht korrigiert werden. Es ist sehr bedenklich, wenn ein Gericht, das die Einhaltung der Verträge überwachen soll, selber diese Verträge missachtet.

Eine schwer hinzunehmende Entscheidung des EuGH erging z.B. über die „Vorratsdatenspeicherung" [20]. Dabei wurde von der EU-Kommission verfügt, dass die Telefonnummern aller Gespräche sowie die Aufenthaltsorte aller Handys [21] ein halbes Jahr gespeichert werden müssen. Damals hatte aber die Kommission aufgrund der EU-Verträge noch keine Kompetenzen für die Telekommunikation. Deshalb wurde der EuGH angerufen, um diese Bestimmung wegen der Überschreitung der Befugnisse zu kippen. Der EuGH bestätigte jedoch die Vorratsdatenspeicherung [22]. Damit stärkte er die Macht der EU-Kommission gegenüber den Regierungen der Mitgliedstaaten.

Was erwarten wir von der EU?

Zum Glück ist die europäische Vereinigung ein Prozess, der sich kaum noch aufhalten lässt – allen Fehlentwicklungen zum Trotz. Um von den Bürgern besser akzeptiert zu werden, muss die EU jedoch sozial, friedlich und demokratisch werden. Das bedeutet, dass das Wohl der Bürger Vorrang vor den Interessen des Kapitals haben muss, und vor allem auch, dass das europäische Militär zu dem wird, was sein Name ausdrückt, nämlich einer reinen Verteidigungskraft, die für Angriffskriege in fernen Ländern nicht ausgerüstet ist. Damit würde man übrigens auch sehr viele Steuergelder sparen.

Außerdem muss endlich das sog. „Subsidiaritätsprinzip" beachtet werden, das eigentlich eine der Grundlagen des EU-Vertrags [23] ist. Es bedeutet, dass möglichst viele Aufgaben bei den nationalen und lokalen Behörden verbleiben sollen und die EU nur dann tätig werden darf, wenn es für das Funktionieren der Gemeinschaft vorteilhaft ist. („So lokal wie möglich und so global wie nötig.") Beispielsweise war es nicht sinnvoll, Größe und Krümmung von Gurken auf EU-Ebene zu vorzuschreiben. Kein Wunder, wenn die EU als lästige bürokratische Einrichtung wahrgenommen wird! Das geht eindeutig in Richtung eines zentralistischen europäischen Bundesstaats, im Gegensatz zu einem „Europa der Vaterländer", d.h. zu einem Zusammenschluss von Staaten, die ihre eigenen Angelegenheiten noch selbst regeln können. Dabei hat auch das Bundesverfassungsgericht betont, dass Europa kein Bundesstaat werden darf, zumindest nicht, ohne dass darüber eine Volksabstimmung stattfindet [24], [25]. Das entspricht auch dem Wunsch der Mehrheit der deutschen Bevölkerung.

Es gibt genügend Vorbilder, wie selbst eine große Staatengemeinschaft wie die Europäische Union demokratisch gestaltet werden kann, unabhängig davon, ob es ein Bündnis von Staaten oder ein einheitlicher, zentralistischer Staat sein soll: Das Europäische Parlament muss alle Kompetenzen bekommen, die dem Parlament in einem demokratischen Staat zukommen. Das heißt, dass es für alle Politikbereiche zuständig sein, eine europäische Regierung bestimmen und kontrollieren sowie dass es Gesetzesanträge einbringen und beschließen können muss.

Ein weiteres Prinzip einer Demokratie ist die Gleichheit aller Bürger. Deshalb muss auch bei der Wahl des EU-Parlaments jeder EU-Bürger das gleiche Stimmgewicht haben. Die Bewohner kleiner Staaten dürfen nicht bevorzugt werden. Damit aber diese Länder nicht ständig von den großen überstimmt werden, muss eine Zweite Kammer eingerichtet werden, wie der Bundesrat in Deutschland oder der Senat in den USA. Dort sind alle Staaten mit jeweils zwei Senatoren vertreten. Im Prinzip erfüllt der Ministerrat diese Funktion. Er hat aber leider weit mehr Kompetenzen, als einer Zweiten Kammer zustehen, z.B. das alleinige Recht, in seinem jeweiligen Fachgebiet Grundsatzentscheidungen zu fällen. Wichtig ist außerdem, dass „alle Gewalt vom Volk" ausgeht und die Wirtschaftsverbände und Konzerne weder die tägliche Politik, noch die Gesetzgebung unmittelbar mitbestimmen können.

Meine Vision ist nicht eine kriegerische Wirtschaftmacht, sondern ein attraktives und weltoffenes „Haus Europa", das demokratisch, bürgerfreundlich, sozial und friedlich ist. Das kann aber nur dann entstehen, wenn wir das wirklich wollen. Denn eine Regierung kann nicht besser sein als die, die sie wählen. Eine Rückbesinnung auf die Werte, die – allen Rückschlägen in der Geschichte zum Trotz – Europa geprägt haben, sind der Schlüssel zur Verwirklichung dieser Vision.

Quellen und Anmerkungen

[1] Die Bundesrepublik Deutschland hat im EU-Parlament 96 Sitze. Ein in Deutschland gewählter EU-Abgeordneter vertritt deshalb etwa 857.000 Bürger. Ein in Luxemburg gewählter vertritt demgegenüber aber mit etwa 83.000 Luxemburger Unionsbürgern weniger als ein Zehntel davon; bei Malta sind es mit etwa 67.000 sogar nur etwa ein Zwölftel. (Zu den diesen Berechnungen zugrundeliegenden Bevölkerungszahlen siehe z.B. Eurostat, Europa in Zahlen, Eurostat Jahrbuch 2008, 2008, S. 25).

[2] Manchmal wird dagegen „Gewaltenteilung" so verstanden, dass nicht eine Institution die alleinige Gewalt über mehrere der drei Säulen Gesetzgebung, Regierungsmacht (Exekutive) und Rechtsprechung innehat. Die Kommission hat die alleinige Gewalt nur bei der Regierungsmacht, bei den anderen beiden teilt sie sie mit dem Parlament und dem Ministerrat (Gesetzgebung) bzw. dem Europäischen Gerichtshof (Rechtsprechung). Nach dieser Definition wäre also die Gewaltenteilung gewahrt.

[3] „Direkter Lobbyismus" von Reinhard Jellen. Telepolis vom 5. 10. 2010,

www.heise.de/tp/artikel/33/33366/1.html

[4] Ein kritischer Bericht findet sich z.B. auf

www.oedp-lerchenberg.de/fluglaerm/20061021-az-lobbyarbeit.htm Vgl. auch

www.keine-lobbyisten-in-ministerien.de

[5] Diese Verträge wurden 2008 im „Vertrag von Lissabon" wesentlich erweitert. Ihm ging der Versuch voraus, eine Verfassung der EU einzuführen, der jedoch an den Volksabstimmungen in Frankreich und Holland scheiterte. Daraufhin wurde nicht mehr von einer Verfassung, sondern nur noch von einem neuen Vertrag gesprochen, der keiner Volksabstimmung bedurfte, obwohl der Inhalt praktisch nicht geändert wurde. Gegen diesen Vertrag klagten Vertreter der ÖDP, die Linkspartei und mehrere Einzelkläger vor dem Bundesverfassungsgericht. Sie bekamen teilweise Recht:

BVerfGE 123, 267, AZ 2BvE 2/8.

[6] In der mündlichen Verhandlung zum „Vertrag von Lissabon" sagte der Kläger und Bundestagsabgeordnete Peter Gauweiler am 11. Februar 2009 aus, dass die Bundestagsabgeordneten den vollen Text der EU-Verträge, über die sie abstimmen sollten, erst wenige Tage vor der Abstimmung erhielten. Es war unmöglich, den Text von 388 großen Seiten in dieser Zeit neben der normalen Arbeit auch nur durchzulesen, geschweige denn alle sich daraus ergebenden Konsequenzen zu ermitteln. So ist es kein Wunder, dass eine Umfrage unter den Abgeordneten über den Inhalt ein

katastrophales Unwissen offenbarte:

daserste.ndr.de/panorama/aktuell/panoaktuelllissabon100.html

Auf diese Weise wurde vor der Abstimmung eine Kritik an den Verträgen verhindert.

[7] AEUV, Dritter Teil, Titel II

[8] AEUV, Dritter Teil, Titel IV, Kapitel 4

[9] Die Privatisierung staatlicher Aufgaben ist in den Verträgen etwas versteckt: In Art. 1 des Protokolls Nr. 26 zu den EU-Verträgen steht: *„Zu den gemeinsamen Werten der Union in Bezug auf Dienste von allgemeinem wirtschaftlichem Interesse im Sinn des Art. 14 des Vertrags über die Arbeitsweise der Europäischen Union zählen insbesondere ... ein hohes Niveau in Bezug auf Qualität, Sicherheit und Bezahlbarkeit, Gleichbehandlung und Förderung des universellen Zugangs und der Nutzerrechte."* Hier bedeutet „Gleichbehandlung und Förderung des universellen Zugangs", dass alle diese Dienste wie Wasserversorgung, öffentliche Verwaltung usw. auch für private Unternehmen offen sein müssen.

[10] In Art. 151 AEUV steht über die Förderung der Beschäftigung, Verbesserung der Lebens- und Arbeitsbedingungen und über ein dauerhaft hohes Beschäftigungsniveau: *„Zu diesem Zweck führen die Union und die Mitgliedstaaten Maßnahmen durch, die der Vielfalt der einzelstaatlichen Gepflogenheiten, insbesondere in den vertraglichen Beziehungen, sowie der Notwendigkeit, die Wettbewerbsfähigkeit der Wirtschaft der Union zu erhalten, Rechnung tragen."* Natürlich darf die Wettbewerbsfähigkeit nicht durch „übertriebene" Sozialgesetze zerstört werden. Hier wird aber festgelegt, dass der Erhalt der Wettbewerbsfähigkeit Vorrang gegenüber allen sozialen Maßnahmen besitzt. Dabei wird nicht genau festgelegt, was mit „Erhalt" gemeint ist. Heißt das, dass der Erhalt einer wie auch immer gestalteten Wettbewerbsfähigkeit garantiert werden soll – in diesem Fall wäre der Hinweis auf den Erhalt unnötig, da selbstverständlich – oder der Erhalt der Wettbewerbsfähigkeit auf dem aktuellen Niveau? In diesem Fall wären überhaupt keine durchgreifenden Änderungen der Sozialgesetzgebung zu Gunsten der Arbeitnehmer möglich, da diese immer die Wettbewerbsfähigkeit mindern. Es bleibt unklar, wie diese Passage gemeint ist. Sie kann aber immer zur Begründung von Einschränkungen beim Sozialstaat herangezogen wird.

[11] Art. 42 Abs. 5 EUV.

[12] Schon die „Verteidigungspolitischen Richtlinien vom 26.11.1992" des damaligen Ministers Rühe formulierten als Aufgabe der Bundeswehr: „Aufrechterhaltung des freien Welthandels und der ungehinderte Zugang zu Märkten und Rohstoffen in aller Welt". In der Neufassung

der „Verteidigungsrichtlinien" 2003 unter Struck heißt es: „Nach Art.87a GG stellt der Bund Streitkräfte zur Verteidigung auf. Verteidigung heute umfasst allerdings mehr als die herkömmliche Verteidigung an den Landesgrenzen gegen einen konventionellen Angriff...Dementsprechend lässt sich Verteidigung geografisch nicht mehr eingrenzen, sondern trägt zur Wahrung unserer Sicherheit bei, wo immer diese gefährdet ist." Diese Vorgaben wurden später von den Ministern zu Guttenberg und de Maizière verwirklicht.

[13] Das sind außer dem Europäischen Rat und dem Rat der „Hohe Vertreter der Union für Außen- und Sicherheitspolitik" (Art. 24, 26–29 EUV) sowie das Politische und Sicherheitspolitische Komitee (Art. 38 EUV). Hier wird zwischen „Leitung" und „Verantwortung" unterschieden. Letztere liegt bei (Minister-)Rat und beim Hohen Vertreter. Siehe auch Art. 43 Abs. 2 EUV.

[14] Art. 36 EUV

[15] Art. 24 Abs.1 Unterabs. 2 EUV

[16] Art. 42 Abs.1, Art. 43 Abs. 1 und Art. 42 Abs. 5 EUV. Die „Gemeinsame Außen- und Sicherheitspolitik" ist in dem Dokument „Ein sicheres Europa in einer besseren Welt. Europäische Sicherheitsstrategie, Brüssel, 12. Dezember 2003" festgelegt.

[17] European defence, a proposal for a White Paper, Report of an independent Task Force. Pariser Institut für Strategische Studien, Mai 2004

www.iss.europa.eu/uploads/media/wp2004.pdf

[18] www.euractiv.de/soziales-europa/artikel/der-eugh-und-das-sozialeeuropa-002480

[19] Tobias Herzog: Der EuGH als Gestalter der europäischen Integration: Akteur im entpolitisierten Metier des Rechts oder juristischer Gestalter mitgliedstaatlicher Vorgaben? GRIN Verlag 2007, ISBN 978-3-638-67077-7

[20] Nummer C-301/06

[21] Das ist möglich, weil jeder Mobilfunk-Anbieter das Land mit sog. „Funkzellen" überzieht, die jeweils mit einem Sender und einem Empfänger ausgestattet sind, die mit den Handys in ihrem Bereich kommunizieren. Jedes eingeschaltete Handy muss sich bei der Funkzelle anmelden, in der es sich befindet. Die Funkzellen haben in Großstädten oft nur eine Ausdehnung von wenigen Hundert Metern, auf dem Land von bis zu 10 km. Bei der Vorratsdatenspeicherung werden nur die ungefähren Abstände eines Handys zu den Empfängern dieser Funkzellen (und natürlich die Zeiten und die Telefonnummern aller geführten Gespräche) gespeichert. Mit einer verfeinerten Methode ist eine genauere Ortung auch ausge-

schalteter Handys bis auf etwa 1 m genau möglich. Letztere wird nur bei verdächtigen Personen durchgeführt. Dafür ist die EU (noch) nicht zuständig; das fällt in den Bereich der nationalen Gesetze.

[22] Die schwer nachvollziehbare Begründung des EuGH stützt sich auf das Wettbewerbsrecht. Siehe auch den Kommentar in

www.jura.uni-saarland.de/news/newseintrag/

Kommentar vom 12. 2. 2009. Das Urteil mit dem AZ C-301/06 wurde am 10. 2. 2009 verkündet und ist unter

curia.europa.eu/juris/liste.jsf?language=de&num=C-301/06

abrufbar.

[23] Präambel und Art. 5 EUV

[24] Das Bundesverfassungsgericht hat wiederholt betont, dass ein europäischer Bundesstaat dem Grundgesetz widerspricht, so im „Maastricht-Urteil" (BVerfGE 89, 155, AZ 2 BvR 2134) insbesondere die Randnummern 181 ff., 192 f., 198, 209 f. mit der berühmt gewordene Formulierung „Staatenverbund" für die Form der Europäischen Union, die im Gegensatz zum Bundesstaat nach unserem Grundgesetz möglich ist. Siehe außerdem im „Lissabon-Urteil" (BVerfGE 123, 267, AZ 2BvE 2/8) die Randnummern 240 f., 298, 340.

[25] Das Bundesverfassungsgericht hat klare Grenzen dafür aufgestellt, welche nationalen Rechte an die EU abgegeben werden dürfen: BVerfG vom 7.9.2011, 2 BvR 987. Siehe auch

http://nachrichten.rp-online.de/politik/grundgesetz-gegen-eu-staat-1.2740054

3. „Ich schwöre, dass ich meine Kraft dem Wohle des deutschen Volkes widmen ... werde."

Jede Bundesministerin und jeder Bundesminister schwört diesen Amtseid. Widmen sie tatsächlich in jedem Fall immer ihre ganze Kraft dem Wohl der Bürger? Im letzten Kapitel wurde gezeigt, dass sowohl in Deutschland als auch in der EU wichtige politische Entscheidungen von der Wirtschaft, insbesondere von den transnationalen Konzernen, beeinflusst werden. Und das Interesse der Konzerne deckt sich nicht immer mit dem der Bevölkerung. Im Folgenden wird das anhand von vier willkürlich herausgegriffenen Bereichen verdeutlicht.

Massentierhaltung

In der Massentierhaltung lassen sich Fleisch, Milch und Eier billig produzieren. Damit ist jedoch meist eine ungeheure Tierquälerei verbunden. Die Tiere überstehen ihr ohnehin sehr kurzes Plan-Leben oft nur mit dem intensiven Einsatz von Medikamenten, vor allem von Antibiotika. In Nordrhein-Westfalen z.B. wurden 94% der untersuchten Masthühner mit Antibiotika behandelt [1]. Bei diesen Tieren werden normale Bakterien abgetötet. Nur die seltneren Antibiotika-resistenten bleiben übrig, die sich dann besser vermehren können. Das Bundesinstitut für Risikoforschung hat bei 43% der Putenfleischproben und bei jedem vierten Hähnchen Antibiotika-resistente Erreger (multi-resistente Erreger, MRE, vor allem MRSA-Bakterien) gefunden. Bei Schweinen wurden sie in 52% der Ställe nachgewiesen, meist in Großbetrieben [2].

Die von den Tieren aufgenommenen Antibiotika werden durch die Zubereitung des Fleischs nicht zerstört, der Mensch nimmt sie deshalb mit dem Essen auf. Dadurch entwickeln sich auch bei vielen Menschen Antibiotika-resistente Bakterien. Kommt dann z.B. in einem Krankenhaus ein ohnehin schon geschwächter Körper mit ihnen in Berührung, kann es zu ernsten Komplikationen kommen. Außerdem steckt man sich beim häuslichen Hantieren mit dem noch rohen Fleisch sehr leicht mit solchen multiresistenten Keimen an.

In Deutschland sterben nach Angaben der Deutschen Gesellschaft für Krankenhaushygiene jährlich 7 000 Menschen an Infektionen durch resistente Keime, die jedoch nur zum Teil aus der Landwirtschaft stammen [2], [3]. Nach dem Robert-Koch-Institut ist es zwar unwahrscheinlich, dass MRE-Bakterien aus der Massentierhaltung zu einer Epidemie führen. Aber es besteht die Gefahr, dass resistente Keime durch Austausch genetischer Informationen ihre Eigenschaften ändern und zu hoch ansteckenden Krankheitserregern werden. Je größer die Verbreitung resistenter Erreger ist, desto wahrscheinlicher ist eine solche Mutation, die zu einer ernsten Bedrohung für den Menschen werden kann [4].

Eine weitere Gefahr, die von Hähnchenfleisch aus der Massentierhaltung ausgeht, stellen Keime dar, die im menschlichen Darm einen Stoff (ESBL) produzieren, der Antibiotika unwirksam macht [1]. Dadurch verlieren wichtige Medikamente ihre oft lebensrettende Wirkung.

Dänemark und die Niederlande haben strengere Tierschutzgesetze und außerdem längst Programme für die Senkung des Antibiotika-Einsatzes in der Tierhaltung. Dazu gibt es dort eine weit bessere Vorbeugung gegen MRE-Ansteckung in den Krankenhäusern. Bei uns werden dagegen EU-Gelder nach wie vor als Subventionen für die Massentierhaltung eingesetzt. Das deutsche Gesetz, das den Antibiotika-Verbrauch einschränken soll, ist ein zahnloser Tiger ohne konkrete Vorgaben und kaum mehr als ein Appell an die Tierärzte, mit Medikamenten sparsamer umzugehen.

Hat hier die Regierung wirklich ihren Amtseid erfüllt und sich für das Wohl und die Gesundheit der Bürger eingesetzt, anstatt die Agrarindustrie zu unterstützen, die daran kräftig verdient und die bäuerliche Landwirtschaft immer weiter zurückdrängt?

Meine Vision ist eine naturnahe Landwirtschaft, deren Produkte lokal vermarktet werden. Angesichts der Überproduktion in Deutschland wäre das durchaus möglich, wenn wir z.B. darauf verzichteten, im Winter Erdbeeren zu kaufen, und wenn wir weniger, dafür aber hochwertigeres Fleisch äßen. Damit bekämen wir nicht nur gesündere Lebensmittel, sondern auch schmackhaftere.

Energiepolitik

„Ohne Subventionen ist Atomstrom unwirtschaftlich", stellt selbst der AKW-Betreiber e.on fest [5]. Das zeigt auch eine Studie des Forums Ökologisch-Soziale Marktwirtschaft, die von Greenpeace in Auftrag gegeben wurde [6]: Rechnet man alle externen Kosten und Subventionen mit ein, so kostet Atomstrom 12,8 Cent pro Kilowattstunde, Kohlestrom 12,1 ct/kWh, Windstrom dagegen 7,6 ct/kWh. Nur Solarstrom mit heute gut 22 ct/kWh (Stand Mai 2012) ist noch teurer als Atomstrom. Diese Kosten fallen jedoch rapide. Im Jahr 2010 betrugen sie noch 46,8 ct/kWh [6].

Die Bundesregierung hat im Oktober 2010 zugegeben, dass sie die Atomenergie von 1950 bis 2010 mit rund 200 Milliarden Euro subventioniert hat [7], [8]. Das bedeutet, dass bisher jede Kilowattstunde Atomstrom mit 4,3 Cent an Steuergeldern bezuschusst wurde. So wundert es nicht, dass z.B. der Energieversorger RWE im Jahr 2011 trotz der Abschaltung der beiden AKW in Biblis und trotz des schwachen Gasgeschäfts einen Gewinn von immer noch 8,46 Milliarden Euro erwirtschaften konnte [13].

Die Subventionen für den Atomstrom sehen die Bürger nicht, weil sie im Gegensatz zu den Subventionen für Erneuerbare Energien nicht auf der Stromrechnung erscheinen. Sie werden über Steuervorteile gewährt oder durch Zahlungen aus dem Bundeshaushalt bestritten. Auch alle ausländischen AKW werden auf diese Weise subventioniert. Besonders deutlich wurde dies in den Auslegungsunterlagen zum polnischen Atomprogramm [14]. Auch dort wurden in der Kostenrechnung für Atomstrom – ähnlich wie in Deutschland – weder eine ausreichende Versicherung noch die Ausgaben für die notwendige Infrastruktur, den Rückbau der AKW und die Endlagerkosten berücksichtigt. Für all das muss stattdessen der polnische Steuerzahler aufkommen. Nur so „rechnen sich" Kernkraftwerke im Vergleich zu anderen Kraftwerken und Erneuerbaren Energien. Am polnischen Kernenergieprogramm von 2011 zeigt sich ganz unverblümt, wie viel die Bürger an Steuern für den enormen Gewinn der AKW-Betreiber zahlen müssen.

Vor der Bundestagswahl 1999 versprachen sowohl die SPD als auch die GRÜNEN den raschen Atomausstieg. Was dabei erreicht wurde, war jedoch alles andere als ein Ausstieg. Es wurde nur die Laufzeit der bereits gebauten AKW beschränkt, aber ein Neubau nicht grundsätzlich verboten. Im Gegenzug wurden einige der bisher gewährten Atomsubventionen vertraglich festgeschrieben.

Dazu bemerkte Dr. Walter Hohlefelder, der damalige Aufsichtsratsvorsitzende der e.on Kernkraft und Vorstandsmitglied der e.on Energie: „*Es gibt da wohl ein grundlegendes Missverständnis. Über einen Ausstieg aus der Kernenergie haben wir uns mit der Bundesregierung keineswegs geeinigt.*" [15] Wenn sich also damals die Bundesregierung mit dem „unumkehrbaren Atomausstieg" brüstete, so sagte sie die Unwahrheit.

Dieser rot-grüne „Atomausstieg" wurde schon 2010 in Frage gestellt. Als ersten Schritt für den „Ausstieg aus dem Ausstieg" beschloss die Bundesregierung eine Laufzeitverlängerung für die bestehenden AKW. Diese musste jedoch nach der Katastrophe von Fukushima auf den massiven Druck der Bevölkerung hin zurückgenommen werden. Aber die vier AKW-Betreiber wehrten sich. Um ihnen entgegenzukommen, setzte die Bundesregierung auf den Bau neuer Kohlekraftwerke [16] und Off-Shore-Windkraftanlagen in der Nord- und Ostsee [17]. Außerdem bremste sie den Ausbau der Solarenergie und der Windparks an Land [18], die zum Großteil von kleineren Unternehmen oder als Bürgerwindparks von der Bevölkerung vor Ort betrieben werden. Durch diese „Energie in Bürgerhand" entgehen nämlich den vier großen Energieunternehmen e.on, RWE, Vattenfall und EnBW erhebliche Gewinne. Zudem drückt der Solarstrom die Preise an der Leipziger Strombörse, weil er gerade dann zur Verfügung steht, wenn der Stromverbrauch am höchsten ist (nämlich um die Mittagszeit), und so teure Spitzenlast-Kraftwerke unnötig macht [19]. Auch das beeinträchtigt den Gewinn der vier großen Energieunternehmen. Und so versuchte die Bundesregierung 2012 mit einem neuen Gesetzesentwurf [18], den weiteren Ausbau der Sonnenenergie-Kollektoren stark einzuschränken.

Es ist schon absurd, was uns die Bundesregierung und die „Klimakanzlerin" als „Energiewende" verkaufen: Ausgerechnet Braunkohlekraftwerke sollen verstärkt die Stromerzeugung übernehmen, die von allen geläufigen Kraftwerkstypen den größten Schadstoffausstoß haben.

Auch die Off-Shore-Windparks der großen Energiekonzerne sind nicht gerade umweltfreundlich. Trotzdem erhalten sie günstige Kredite vom Staat [17] und werden außerdem noch enorm subventioniert: Windkraftanlagen an Land bekommen ihren Strom mit 9,5 ct/kWh vergütet (Stand Mitte 2012). In Norddeutschland, wo mehr Wind weht, sinkt dieser Betrag in den nächsten Jahren auf nur 5 ct/kWh. Für den Strom aus den Off-Shore-Anlagen der großen Konzerne wird dagegen weit mehr bezahlt, nämlich mindestens 13 ct/kWh. Hiervon müssen nicht einmal die Kosten für den Stromanschluss getragen werden. Dafür muss der Netzbetreiber aufkommen, der sie natürlich auf die Stromkunden umlegt. Diese müssen auch noch die Haftung für Verzögerungen beim Verlegen der Kabel, für technische Mängel und für Schlampereien beim Stromanschluss der Off-Shore-Anlagen übernehmen [20], während die Windkraftbetreiber an Land ihren Anschluss selber bezahlen müssen. So haben die großen Energiekonzerne auch nach der Abschaltung der acht gefährlichsten AKW noch genügend lukrative Verdienstmöglichkeiten. Und den Bürgern wird weisgemacht, dass die dadurch verursachten Strompreis-Erhöhungen eine Folge des Atomausstiegs und der Energiewende seien!

Eine echte Energiewende muss schon aus rein wirtschaftlichen Gründen so schnell wie möglich erfolgen. Deutschland gibt zur Zeit jedes Jahr mindestens 70 Milliarden Euro für den Import von Öl, Gas, Kohle und Uran aus, mit stark steigender Tendenz: Die Preise für die importierten Energieträger haben sich in den letzten zehn Jahren mehr als verdoppelt. Allein in den vergangenen fünf Jahren stiegen die Importpreise von Kohle und Öl um 70%. In derselben Zeit sanken jedoch die Preise für Fotovoltaik-Anlagen auf weit weniger als die Hälfte! [21], [22]

Das größte Problem von Wind und Sonne ist, dass sie vom Wetter abhängen, also nicht zuverlässig zur Verfügung stehen. Im Durchschnitt haben wir zwar eine enorme Überproduktion an Strom – so viel, dass 2010 an der Leipziger Strombörse manchmal sogar dafür bezahlt wurde, wenn Strom abgenommen wurde. Heute werden in Zeiten von Überproduktion die großen Windkraftwerke ferngesteuert abgeschaltet. Trotzdem muss natürlich sichergestellt werden, dass immer, auch an windstillen, kalten Winterabenden, genügend Strom zur Verfügung steht. Deshalb braucht man Speicher, wenn ein wesentlicher Prozentsatz des Stroms mit Wind und Sonne erzeugt wird. Die Bundesregierung bleibt bei diesem Problem weitgehend untätig, obwohl es seit vielen Jahrzehnten bewährte Techniken dafür gibt, z.B. die Erzeugung von Wasserstoff-Gas mit dem überschüssigen Strom („Elektrolyse") und seine Einspeisung ins Erdgasnetz. Dieses hat so viele große unterirdische Speicher, dass Gaskraftwerke allein aus ihnen etwa zwei Monate lang den gesamten Strombedarf Deutschlands erzeugen könnten.

Da Wasserstoff andere Eigenschaften als Erdgas besitzt, kann er dieses nur zum Teil (etwa 20%) ersetzen. Man kann jedoch Wasserstoff in Methan überführen, das mit dem Erdgas in unseren Netzen völlig kompatibel ist. Damit könnten später auch Autos angetrieben werden.

Dieser Weg ist jedoch unter den heutigen politischen Vorgaben nicht wirtschaftlich [23]. Die Bundesregierung bevorzugt Braunkohlekraftwerke, die extrem viel Klimagifte freisetzen und durch den Tagebau riesige Landstriche zerstören.

Man könnte den Anteil der erneuerbaren Energien auch dadurch steigern, dass man jetzt schon, solange der Wasserstoff aus der überschüssigen Windkraft noch nicht zur Verfügung steht, erdgasbetriebene Gas-Blockheizkraftwerke baut, die einen sehr hohen Wirkungsgrad haben und außerdem deutlich weniger Klimagifte ausstoßen als Kohlekraftwerke. Sie können ihre Leistung sehr schnell ändern und den nötigen Strom erzeugen, wenn Sonnenkollektoren und Windkraft nicht genügend liefern. Später könnten sie dann mit dem Gas betrieben werden, das mit überschüssigem Strom erzeugt wird. Das Bundesumweltministerium hat bereits 2008 festgestellt [24], dass man so in etwa 12 Jahren auf sämtliche Atom- und Kohlekraftwerke verzichten könnte. Wie bereits erwähnt, sind jedoch heute Gaskraftwerke unrentabel, nicht nur wegen des hohen Gas- und niedrigen Braunkohlepreises, sondern auch wegen des CO_2-Emissionshandels. Dabei werden Kohlekraftwerke erheblich bevorzugt (weil die Bundesregierung den Kohlekraftwerken doppelt so viele CO_2–Zertifikate gratis zugeteilt hat wie vergleichbaren Gaskraftwerken [25] und weil sie den Braunkohlekraftwerken darüber hinaus noch weitere 10% an Zertifikaten zukommen lässt [26]).

Bedenkt man die vielen Milliarden Euro, mit denen über Jahrzehnte Kohle- und Atomkraftwerke subventioniert wurden, dann ist es völlig unverständlich, dass die Regierung nicht die geringen Beträge aufbringt, die nötig wären, um Gaskraftwerke wirtschaftlich betreiben zu können. Mit einer fairen Regelung der CO_2-Zertifikate könnte man auch ohne Geld viel erreichen.

Ein anderer vielversprechender Weg sind ferngesteuerte Heizungen mit Kraft-Wärme-Kopplung in Verbindung mit Warmwasser-Speichern. Sie müssen so gesteuert werden, dass sowohl der Strombedarf im Leitungsnetz als auch die Wassertemperatur in den einzelnen Anlagen berücksichtigt werden. Das ist heute kein Problem, weil das warme Wasser in den Kesseln gut gespeichert werden kann.

Auf jeden Fall sollte man überall, wo es möglich ist, aus Biomasse (vor allem Biomüll, Gülle, Wiesenbewuchs, der als Futter ungeeignet ist, Pflanzenreste, Abfallholz) Wasserstoff oder Methan herstellen. Dabei arbeiten neue Techniken (z.B. nach Tetzlaff [27]) so effektiv, dass sie ohne Mais o.Ä. auskommen und damit nicht in Konkurrenz zur Nahrungsmittelproduktion stehen. Wegen der großen Mengen an geeignetem Biomüll, die in Deutschland zur Verfügung stehen, könnte so ein beträchtlicher Teil des elektrischen Stroms zuverlässig und kostengünstig erzeugt werden. Hier braucht man kein Erdgasnetz zur Speicherung; es genügen Lager für die Biomasse. Bis jetzt entstehen solche Anlagen jedoch leider nur in Privatinitiative.

Ein Beispiel dafür ist Güssing an der ungarischen Grenze, das einmal die ärmste Gemeinde Österreichs war. Seit 1992 baute es die Strom- und Wärmeerzeugung mit erneuerbaren Energien systematisch aus. Heute deckt Güssing 85% seines Wärmebedarfs und 200% seines Strombedarfs aus erneuerbaren Energien, im Wesentlichen aus Solarzellen und mit Biomasse (vor allem aus dem Abfallholz der umliegenden Wälder, aus Gülle und etwas Silage aus Gras, das als Futtermittel schlecht geeignet ist). Die niedrigen Energiekosten haben in Güssing zur Neuansiedlung von über 50 Gewerbebetrieben und Fabriken geführt.

Stehen jedoch weder leistungsfähige Speicher noch ausreichend viele Biomasse- und Wasserkraftwerke zur Verfügung, wird damit sichergestellt, dass Atom- bzw. Kohlekraftwerke unverzichtbar bleiben. So können die großen vier Energieunternehmen in Deutschland weiterhin enorme Gewinne erzielen.

Ein besonders heikles Thema sind die Höchstspannungsleitungen von Nord- nach Süddeutschland, die angeblich wegen der Energiewende nötig sind. Ende Mai 2012 besuchte die Bundeskanzlerin medienwirksam die Bundesnetzagentur, um öffentlich Druck für den Bau dieser Leitungen zumachen. Dabei behauptete auch sie, das sei für die Energiewende nötig [28]. Tatsache ist aber, dass diese Leitungen vor allem für den Stromtransport aus den umweltschädlichen Kohle- und Off-Shore-Windkraftwerken in den Süden nötig sind. Auch hier werden wir durch die Verlautbarungen der Bundesregierung an der Nase herumgeführt!

Einige Tage später legte die Bundesregierung nach und beklagte, dass der Strom durch den Leitungsbau und damit wegen der Energiewende so teuer werde, dass man Geringverdienern einen Zuschuss zahlen müsse [29]. Kein Wort davon, dass eine echte Energiewende mit Bürger-Wind- und Solarparks in Süddeutschland diese Leitungskosten sparen würde! Allein der Netzausbau für die Kohlekraftwerke und Off-Shore-Windanlagen, der letztlich nur den großen Stromkonzernen hilft, kostet zweistellige Milliardenbeträge!

All das zeigt, dass die Gewinnmaximierung der großen Energieversorger für die Bundesregierung Vorrang vor einer preisgünstigen, sicheren Stromversorgung hat.

Auch die Stilllegung der deutschen AKW ist nicht gerade bürgerfreundlich geregelt: Für den Rückbau der AKW und für die Lagerung des strahlenden Materials haben die Betreiber „Rückstellungen“ [10] gebildet. Diese Betreiber sind jedoch nicht die großen Energieunternehmen e.on, RWE, Vattenfall und EnBW, sondern für jedes AKW eine eigene Tochtergesellschaft. Reichen die Rückstellungen nicht aus oder geraten diese Tochtergesellschaften in Zahlungsschwierigkeiten, weil sie mit ihrem abgeschalteten AKW keine Einkünfte mehr erzielen, so haftet der jeweilige Mutterkonzern nur bis zum endgültigen Atomausstieg am 27.4.2022, also einem Zeitpunkt, der lange vor dem Rückbau der meisten AKW liegt (da mit dem Rückbau erst viele Jahre nach der Stilllegung begonnen werden kann). Nach diesem Termin geht das Risiko voll und ganz auf den Steuerzahler über [30] – [33].

Richtig wäre es dagegen, dass die AKW-Betreiber einen staatlich verwalteten Fonds einrichten müssten, der auf jeden Fall groß genug ist, um alle Kosten mit Sicherheit abzudecken. Darüber hinaus müsste so viel Geld eingezahlt werden, dass von dessen Zinsen der Betrieb der Endlager dauerhaft finanziert werden könnte.

Warum ermöglicht die Bundesregierung den AKW-Betreibern ihre horrenden Gewinne und wälzt auch noch dieses gigantische finanzielle Risiko auf den Steuerzahler ab – vom gesundheitlichen und ökologischen Risiko ganz zu schweigen?

Strahlenschutz

Nachdem bekannt geworden war, dass in der unmittelbaren Umgebung der britischen Atomkraftwerke die Krebsrate bei Kindern erhöht war [34], führte die Bundesregierung im Jahr 1980 auch in Deutschland ein Kinder-Krebsregister ein [35]. Die Auswertungen [36] waren jedoch wegen eines Fehlers in der Statistik und wegen Datenverdünnung falsch. So konnte kein Anstieg der Krebsfälle nachgewiesen werden – im Gegensatz zu allen Statistiken über AKW im Ausland [37] – [40]. Eine korrekte Analyse ergab, dass auch in Deutschland Kleinkinder in der Nachbarschaft von AKW signifikant häufiger an Krebs erkranken [41]. Dieses Ergebnis wurde jedoch von der Bundesregierung verschwiegen. Es wurde nur von dem Wissenschaftler bekannt gegeben, der die Korrektur der Studie privat veranlasst hatte. Daraufhin versuchten einige

Strahlenbiologen, die der Regierung nahestanden, die Ungefährlichkeit der deutschen AKW zu beweisen und so die Bevölkerung zu beruhigen [42].

Erst nach massivem öffentlichem Druck und über 10.000 Protestbriefen erklärte sich die rot-grüne Bundesregierung 2001 bereit, eine weitere Untersuchung zur Frage der Krebserkrankungen um die AKW durchzuführen. Die Wut der Bürger ist verständlich. Schließlich handelt es sich nicht um irgendeinen akademischen Streit, sondern um Krankheiten und Todesfälle, die sie immer wieder in ihrer unmittelbaren Nachbarschaft oder gar in der eigenen Familie miterleben mussten.

Die geforderte Untersuchung wurde erst im Dezember 2007 veröffentlicht [43] – [45]. Sie bestätigte die Häufung der Krebsfälle mit größerer Statistik und verbesserten Methoden. Den Autoren der Studie muss jedoch der Vorwurf gemacht werden, die Ergebnisse so dargestellt zu haben, dass die Bundesregierung trotz der alarmierenden Befunde nicht reagieren musste. Denn in der Schlussfolgerung von [43] heißt es: Weil die radioaktive Belastung der untersuchten Personen weder gemessen noch „modelliert" (d.h. durch mathematische Modelle abgeschätzt) wurde, könne man nicht behaupten, die erhöhten Krebsraten hätten etwas mit den AKW zu tun [46]. Das ist bestenfalls eine Halbwahrheit, die auf einer Haarspalterei beruht. Denn in dieser Veröffentlichung werden ausführlich mathematische Modelle beschrieben, die zwar nicht die radioaktive Belastung selbst, aber ihre Wirkung beschreiben. In einer früheren Veröffentlichung derselben Gruppe [47] wird nicht einmal diese Haarspalterei aufrechterhalten, so dass sich ein klarer Widerspruch ergibt!

Außerdem wird behauptet, die beobachteten Krebsfälle könnten nicht von den AKW verursacht werden, weil die Strahlendosis, die von ihnen ausgeht, viel zu klein sei. Auch diese Aussage ist inzwischen widerlegt [48]. Aber selbst wenn man sich die Krebsfälle nicht erklären könnte, dürfte man sie nicht verharmlosen, wie es in dem Bericht [46] geschieht. Denn es geht um die Abwägung von Menschenleben gegen die Profitinteressen der Atomwirtschaft. Der Bericht gab der Bundesregierung die Möglichkeit, die deutschen AKW weiterlaufen zu lassen, ja sogar eine Laufzeitverlängerung zu beschließen. Deshalb können diese Aussagen nicht einfach als wissenschaftliche Fehlleistungen hingenommen werden. Hier haben Forscher dazu beigetragen, dass auch heute noch vermehrt Krebs auftritt, insbesondere die schwer heilbare akute Leukämie bei Kindern unter 5 Jahren.

Ähnliche verantwortungslose Stellungnahmen wurden leider auch in anderen Bereichen abgegeben: früher bei Asbest, bei Holzschutzmitteln und beim Rauchen. Ein neueres Beispiel ist die angebliche Unbedenklichkeit gentechnisch veränderter Futter- und Nahrungsmittel, soweit sie von der EU zugelassen sind. Für die Zulassung werden nämlich keine Langzeitstudien gefordert, ohne die jedoch keine Aussagen über eventuelle gesundheitliche Beeinträchtigungen gemacht werden können. Ein weiteres Beispiel für „gekaufte Wissenschaft“ sind die Wirkungen von Mikrowellen auf die Gesundheit, wie sie bei Handys, Schnurlostelefonen, WLAN, Bluetooth, LTE, TETRA usw. verwendet werden. Zahllose Arbeiten von unabhängigen Wissenschaftlern belegen, dass unsere „Unbedenklichkeits“-Grenzwerte viel zu hoch sind [49]. Sogar der Europarat, das EU-Parlament, die Europäische Umweltagentur, die Österreichische Ärztekammer, die WHO und viele andere haben vor Gesundheitsschäden durch Mobilfunkstrahlung weit unterhalb der Grenzwerte gewarnt [50]. Die Bundesregierung hätte aber ein Problem, wenn die Grenzwerte gesenkt würden, weil sie beim Versteigern von Funklizenzen sehr viel Geld eingenommen hat. Würde sie jetzt die Regeln für die Anwendung verschärfen, könnte das zu Rückforderungen führen. Deshalb sollte das „Deutsche Mobilfunk-Forschungsprogramm" beweisen, dass die Grenzwerte einen ausreichenden Schutz der Gesundheit bieten. Bei diesem Forschungsprogramm wurden jedoch Fragestellungen ausgeklammert, die einen Nachweis für die schädigende Wirkung unterhalb der Grenzwerte liefern könnten [51].

Die Bundesregierung kann die Mobilfunk-freundliche Politik problemlos verfolgen. Denn der oberste deutsche Strahlenschützer in diesem Bereich, nämlich der Leiter des Ausschusses „Nichtionisierende Strahlung" in der Strahlenschutzkommission (SSK), steht der Mobilfunkindustrie sehr nahe. Er ist Professor an der privaten Jacobs University in Bremen, einer Partnerhochschule der Vodafone-Stiftung der Mobilfunkindustrie [52]. Aus diesem Grund und weil er eng mit dem Informationszentrum Mobilfunk zusammenarbeitet, wurde er von der Weltgesundheitsbehörde als unabhängiger Fachmann nicht akzeptiert [53]. Derselbe Herr diffamiert auch einen Wissenschaftler persönlich, der im Rahmen eines Europäischen Forschungsprogramms bewiesen hat, dass Mobilfunkstrahlung an menschlichen Zellkulturen Erbschäden verursacht [54]. Die Diffamierungen werden immer noch fortgesetzt, obwohl diese Erbschäden von anderen Gruppen durchgehend bestätigt wurden! Aber das zählt offenbar nicht. Die Strahlenschutzkommission ignoriert die zahllosen wissenschaftlichen Erkenntnisse, und die Bundesregierung profitiert von den Aktivitäten ihres obersten Strahlenschützers.

Der Einfluss der Mobilfunkindustrie auf die Bundesregierung hat Tradition. Das wird beim Bundesamt für Strahlenschutz (BfS) besonders deutlich. Es bewertet im Auftrag des Umweltministeriums laufend den Erkenntnisstand über die Wirkungen elektromagnetischer Felder. Zu seinen Aufgaben gehört es insbesondere, Grenzwertvorschläge zu erarbeiten. Die ICNIRP, ein Lobbyverein der Mobilfunkindustrie, hat ihren Sitz der Einfachheit halber gleich auf dem Gelände des BfS in Neuherberg bei München; seit 1993 wurde das wissenschaftliche Sekretariat der ICNIRP sogar im BfS geführt [55]. Von 1996 bis 2000 war Jürgen Bernhardt der Vorsitzende der ICNIRP, bis 2004 deren stellvertretender Vorsitzender und bis 1998 gleichzeitig der stellvertretende Direktor des BfS. Er war auch in drei Perioden der Vorsitzende des Ausschusses „Nichtionisierende Strahlung" der Strahlenschutzkommission SSK. In dieser Eigenschaft war er für die Beurteilung der Grenzwerte durch die Bundesregierung zuständig, die er selbst als Vorsitzender der ICNIRP vorgeschlagen hatte [56]!

Schon diese wenigen Beispiele zeigen, dass wir nicht mehr davon ausgehen können, dass die Bundesregierung ausschließlich das Wohl der Bürger im Blick hat. Denn zum einen muss sie diejenigen bedienen, die ihr durch Parteispenden, Sponsoring usw. an die Regierung geholfen haben. Zum anderen sind Macht und Einfluss internationaler Konzerne so groß, dass sie Regierungen stürzen können, wenn sie sich ihnen in wichtigen Fragen widersetzen – also beugen sich die Regierungen allzu häufig dem Willen dieser Mächte. Demokratie und Bürgerwohl bleiben nicht selten auf der Strecke.

Der Hunger in der Welt

Im Jahr 2011 verhungerte auf der Welt alle fünf Sekunden ein Kind unter zehn Jahren. 37 000 Menschen verhungerten jeden Tag, und fast eine Milliarde waren permanent schwerstens unterernährt [57]. Im ganzen Jahr starben also mehr als 13 Millionen Menschen, weil sie nicht genug zu essen hatten. Diese Zahlen sind inzwischen – vor allem wegen der katastrophalen Situation in der Sahelzone und am Horn von Afrika – dramatisch angestiegen: Im August 2012 verhungerte bereits alle drei Sekunden ein Kind [58]. Hochgerechnet auf ein Jahr wären das über 10 Millionen verhungernde Kinder – zuzüglich der Erwachsenen. Eine derartige Katastrophe hat es noch nie in der Geschichte der gesamten Menschheit gegeben. [59]

Was hat das mit uns zu tun? Sicher sind die Ursachen oft Kriege, Misswirtschaft, Korruption und Machthaber, die sich skrupellos bereichern und dabei ihr Volk ausbeuten. Aber warum wurden immer wieder solche Regierungen gerade vom Westen gestützt oder sogar in ihr Amt gehoben?

Ein Grund für unseren Wohlstand ist die Tatsache, dass wir eine Exportnation sind. Der „freie Welthandel" öffnet die Märkte der weniger entwickelten Länder für die internationalen Konzerne. Sie verhindern aufgrund ihres Kapitals, ihres technologischen Vorsprungs, nicht selten auch durch Bestechung und andere kriminelle Methoden [60] die Entstehung einer eigenen lokalen Produktion. Als rohstoffarmes Land mit relativ hohen Löhnen kaufen wir viele Güter im Ausland sehr billig ein, wie z.B. Kleidung, Kaffee, Kakao oder Südfrüchte. Den größten Teil des Kaufpreises bekommen jedoch nicht die Bauern oder Arbeiter vor Ort, sondern die Handelsfirmen bzw. die Konzerne, für die diese Waren hergestellt werden. Wir importieren auch viele Rohstoffe für unsere Industrie, ohne dafür einen angemessenen Preis an die ärmeren Länder zu zahlen. Wir verarbeiten sie und verkaufen sie schließlich als teure Endprodukte wieder ins Ausland. Unsere niedrigen Importpreise lassen sich nur durchsetzen, weil der Handel zwischen den Rohstofflieferanten und den Industrienationen meistens in der Hand weniger Unternehmen liegt, die durch Absprachen den Einkaufspreis drücken können und dabei oft jede Moral verlieren.

Der Anbau für den Export landwirtschaftlicher Produkte nach Deutschland behindert in einigen Ländern die Produktion von Nahrungsmitteln, die für die Ernährung der eigenen Bevölkerung dringend nötig wären. Beispiele dafür sind Soja und Weizen als Futtermittel für unsere Landwirtschaft, Südfrüchte sowie Palmöl für Biosprit. Dadurch steigt der Preis für die Nahrungsmittel vor Ort, den ein Großteil der Bevölkerung nicht bezahlen kann [61]. Diesen Ländern bleibt keine andere Wahl, als Fabriken westlicher Konzerne in das Land zu lassen, wo die Einwohner für Hungerlöhne arbeiten, mit denen sie ihre Familien nicht ernähren können. Sie sind rechtlose Sklaven, bei denen man das Gefühl hat, etwas Gutes zu tun, wenn man ihnen einen Job für einen Euro am Tag anbietet. Diese Firmen produzieren vor allem für den Export in die reichen Länder, zahlen kaum Steuern und verursachen dabei manchmal sogar ausgedehnte Umweltschäden mit gravierenden Folgen für die Gesundheit der Bevölkerung und für das Ökosystem ihres Landes [62].

Die Situation hat sich noch erheblich verschlimmert, seit mit Nahrungsmitteln spekuliert wird. Über die Konsequenzen berichtet Jean Ziegler in seiner berühmten „nicht gehaltenen Festrede" [57]: In Ländern, in denen ohnehin schon Hunger herrscht, haben sich die Preise für Getreide und Reis verdoppelt. Allein dadurch sind Zehntausende gestorben.

Wie sehr einige rohstoffreiche Länder ausgebeutet werden, beschreibt John Perkins in seinem Buch „Bekenntnisse eines Economic Hitman" [62]: *„Von 100 Dollar für Rohöl, das im ecuadorianischen Regenwald gewonnen wird, erhalten die Ölgesellschaften 75 Dollar. Von den verbleibenden 25 Dollar müssen drei Viertel zur Tilgung von Auslandsschulden verwendet werden. Der Rest wird größtenteils fürs Militär und andere Staatsausgaben gebraucht – damit bleiben 2,50 Dollar für*

Gesundheit, Bildung und Programme zur Unterstützung der Armen." Seit dem Ölboom von 1970 *„stieg die offizielle Armutsgrenze von 50 auf 70 Prozent, die Arbeitslosigkeit oder Unterbeschäftigung kletterte von 15 Prozent auf 70 Prozent und die öffentliche Verschuldung von 240 Millionen Dollar auf 16 Milliarden Dollar."*

Hier überraschen die hohen Auslandsschulden, in die diese Staaten oft mit zweifelhaften Methoden gestürzt wurden: John Perkins beschreibt [62], wie er in den siebziger und achtziger Jahren des vergangenen Jahrhunderts u.a. nach Kolumbien, Ecuador, Panama und Indonesien geschickt wurde. Dort sollte er den Regierungen durch überzogene Berechnungen „beweisen", dass Investitionen in einen enormen Ausbau der Infrastruktur (Straßen, Kraftwerke, Flughäfen, Gewerbeparks usw.) zu einem Aufblühen ihrer Wirtschaft führen würden. Das geschah eindeutig in betrügerischer Absicht. Denn den Experten war klar, dass das nicht funktionieren kann. Das Ziel der Aktion war, dass die Regierungen dieser Länder lukrative Aufträge an US-amerikanische Firmen vergeben sollten. Dafür wurden großzügige Kredite gewährt. Ich kann Ähnliches aus meinen Gesprächen mit einem indischen Wissenschaftler bestätigen, der stolz darauf war, dass seine Regierung im Gegensatz zu vielen anderen die angebotenen Gelder ablehnte. – Die Weltbank und der Internationale Währungsfonds IWF vergaben ihre Kredite unter der Bedingung [63], dass die Staatsbetriebe privatisiert, einschränkende Regeln für die Wirtschaft und den Kapitalverkehr aufgehoben und die staatlichen Sozialausgaben gekürzt wurden.

Mit Ausnahme einiger reicher Staaten wie Saudi-Arabien trat der versprochene Wirtschaftsboom nicht ein, und die Länder blieben auf einem riesigen Schuldenberg sitzen. Zusammen mit den verlangten Einschnitten im Sozialsystem war das wohl der Hauptgrund für die Verelendung der Bevölkerung.

Auch unsere Politiker haben zu dem Zustand beigetragen, in dem sich die ärmeren Länder befinden. Die WTO-Verträge (WTO = Welthandelsorganisation) ermöglichen uns den Zugriff auf ihre Märkte. Dabei wurde massiv Druck ausgeübt: Wer die Verträge nicht unterschrieben hätte, wäre vom Welthandel weitgehend ausgeschlossen worden. So haben selbst Staaten ohne größere Schulden wie viele ehemals kommunistische Länder keine Möglichkeit, sich vor den Importen zu schützen, die ihre heimischen Märkte zerstören. Für das Zustandekommen einiger dieser Verträge waren deutsche Bundeskanzler die treibenden Kräfte. Unsere Regierungen haben auch großen Einfluss auf den Internationalen Währungsfonds und die Weltbank.

Das zeigt, dass sich die ärmeren Länder kaum selbst aus ihrer Situation befreien können. Denn dazu wären u.a. ein Schuldenerlass und Neuverhandlungen der Handelsbeziehungen nötig, die von diesen Ländern nicht einfach einseitig gekündigt werden können.

Im Augenblick bereichern wir uns noch durch die Ausbeutung anderer Länder. Diese Unmenschlichkeit wird aber irgendwann auf uns zurückschlagen – wohl schneller als vermutet. Es könnte sein, dass wir die Nächsten sind, an denen sich andere bereichern. Das sollen die folgenden Kapitel zeigen.

Quellen und Anmerkungen

[1] „Hähnchenfleisch mit resistenten Keimen verseucht", Süddeutsche Zeitung vom 9.1.2012

www.sueddeutsche.de/wissen/masttierhaltung-haehnchenfleisch-mit-resistenten-keimen-verseucht-1.1253338

[2] „Beim Kochen besser Latex tragen", Süddeutsche Zeitung vom 19.9.2011

www.sueddeutsche.de/wirtschaft/massentierhaltung-beim-kochen-besser-latex-tragen-1.1146009

[3] Das Deutsche Ärzteblatt schätzt diese Zahl etwas niedriger ein: Zitat aus Deutsches Ärzteblatt Int 2011, 108 (45), 761–767: „Schätzungen zeigen, dass jährlich etwa 170 000 MRSA-Infektionen die europäischen Gesundheitssysteme mit mehr als 5000 Todesfällen, mehr als einer Million zusätzlichen Hospitalisationstagen und Mehrkosten von circa 380 Millionen Euro belasten." Von den jährlich 170 000 Infektionen in Europa werden 132000 in deutschen Krankenhäusern diagnostiziert.

www.aerzteblatt.de/archiv/112574

[4] Robert Koch Institut:
www.rki.de/DE/Content/InfAZ/S/Staphylokokken/Staphylokokken.html

insbesondere

www.rki.de/DE/Content/Infekt/Antibiotikaresistenz/LA_MRSA_und_ESBL.html?nn=2374030

[5] Frankfurter Allgemeine Sonntagszeitung vom 7.2.2010

[6] Forum Ökologisch-Soziale Marktwirtschaft:

www.foes.de/pdf/2011_FOES_Vergleich_Foerderungen_lang.pdf

[7] Subventionsbericht der Bundesregierung 2010. Siehe auch „Staatliche Förderungen der Atomenergie im Zeitraum 1959–2010" Greenpeace Veröffentlichung vom 13.10.2011 und

www.greenpeace.de/themen/atomkraft/nachrichten/artikel/atomkraft_mit_304_milliarden_euro_subventioniert/

Die Summe von 304 Milliarden errechneten Greenpeace und das Forum Ökologisch-Soziale Marktwirtschaft aus 204 Milliarden bis zum Jahr 2010 und weiteren 100 Milliarden nach den damaligen Restlaufzeiten, also noch vor der Laufzeitverlängerung der schwarz-gelben Regierung.

[8] Die Subventionen sind teils direkte Finanzhilfen für Forschungsförderung, Stilllegung der ostdeutschen AKW und Zahlungen für die „Endla-

ger" Asse und Morsleben, aber auch die langjährige Steuerfreiheit der Brennelemente, die im Gegensatz zu anderen fossilen Brennstoffen bis 2011 nicht besteuert wurden [9], und die gelockerten Auflagen für die steuerfreien Entsorgungsrückstellungen von 25,5 Milliarden Euro [10]. Außerdem erzielen die AKW-Betreiber wegen des Emissionshandels höhere Gewinne, die aber hier nicht eingerechnet werden. Die Summe von rund 200 Milliarden Euro berücksichtigt noch nicht, dass für Atomkraftwerke keine ausreichende Haftpflicht-Versicherung abgeschlossen wurde. Denn der Schaden bei einem Super-GAU kann etliche Billionen Euro betragen. Diese Summe ist nicht versicherbar [11]. Die Betreiber haben für den Ernstfall jedoch nur 2,5 Milliarden Euro an Versicherungen und Rücklagen [12].

[9] Die Brennelementesteuer sollte 2011 etwa 2,3 Milliarden Euro einbringen. Nach der Abschaltung von 8 AKW ist der Ertrag immerhin noch 1,3 Milliarden Euro: dpa vom 26.8.2010, Süddeutsche Zeitung vom 13.7.2011 und Focus vom 26.8.2010: www.focus.de/finanzen/news/energie-studie-164-7-milliarden-euro-an-atom-subventionen_aid_545460.htm

[10] Die Betreiber haben in Deutschland für den Abriss der stillgelegten AKW und für die Endlagerkosten sog. Rückstellungen von 25,5 Mrd. Euro gebildet. Sie reichen wohl kaum aus, um den sicheren Einschluss der Brennelemente für mehrere Millionen Jahre zu garantieren und zu bezahlen. Sie sind steuerfrei. Aber im Gegensatz zu Rückstellungen in anderen Branchen müssen sie nicht quasi mündelsicher angelegt werden. So lassen sich damit hohe Renditen erwirtschaften. Diese steuerfreien Rückstellungen sind einer wichtige Quelle zur Steigerung des Ertrags, den selbst abgeschaltete deutsche AKW erwirtschaften.

[11] „Unversicherbare Atomkraft",
www.Versicherungsjournal.de vom 12.5.2011

[12] Versicherungsarchiv: www.versicherungsarchiv.de/007130/atomkraftwerke-ohne-ausreichende-versicherung/

[13] Gewinn vor Zinsen, Steuern und Abschreibungen. Gegenüber dem Vorjahr, als noch die beiden AKW in Biblis in Betrieb waren, ist er um 17,5% gefallen. Darin sind die Gewinneinbußen beim Gasgeschäft mit eingerechnet:

www.wiwo.de/unternehmen/energie/grossmanns-letzter-auftritt-rwe-gewinn-bricht-ein-/6289532.html

[14] Ministerium für Wirtschaft, Regierungsbevollmächtigter für die polnische Kernenergie: Programm für die polnische Kernenergie. Warszawa/Warschau Januar 2011

[15] Dr. W. Hohlefelder in „KKG aktuell" Nr. 70, einer Nachbarschaftsinformation des AKW Grafenrheinfeld: *„Es gibt da offenbar ein Missverständnis. Über einen Ausstieg aus der Kernenergie haben wir uns mit der Bundesregierung keineswegs geeinigt. Geeinigt haben wir uns in einem Kompromiss über den sicheren Weiterbetrieb der bestehenden Anlagen und ihre Entsorgung – nicht mehr, aber auch nicht weniger. ... Dem Ausstieg aus der Kernenergie haben wir ausdrücklich nicht zugestimmt. ... Bezüglich der Nutzung der Kernenergie will die Bundesregierung keine neuen Kraftwerke zulassen ... Späteren Regierungen bleibt es jedoch unbenommen, hier zu neuen Erkenntnissen zu gelangen."*

[16] „EU-Emissionshandelsgelder zur Förderung von Kohlekraftwerken falsch". Nachricht vom 24.7.2011 in:

www.energie-experten.org/experte/meldung-anzeigen/news/eu-emissionshandelsgelder-zur-foerderung-von-kohlekraftwerken-falsch-2872.html

[17] Für die ersten 10 Windparks gibt es zinsgünstige Kredite von 5 Milliarden Euro: Süddeutsche Zeitung vom 13.7.2011. Neue Kohlekraftwerke sind für die Versorgung in Deutschland nicht nötig. Selbst 2011, nach dem Abschalten der acht AKW, wurde mehr Strom exportiert als importiert.

[18] www.erneuerbare-energien.de/
erneuerbare_energien/gesetze/aktuell/4596.php und
www.clearingstelle-eeg.de

[19] Durch die Erneuerbaren Energien ist der gesamte Strompreis an der Strombörse um knapp 1 Ct/kWh gesunken (Stand Mitte 2012).
Siehe Energiedepesche (Bund der Energieverbraucher) Heft 3/12, S. 22

[20] Kabinett beschließt höhere Strompreise. Financial Times Deutschland vom 29.8.2012

[21] Energiedepesche (Bund der Energieverbraucher) Heft 3/12, S. 17

[22] www.pelletsmagazin.de/downloads/grafiken/

[23] Strom aus Gaskraftwerken ist zu teuer. Schuld daran sind die niedrigen Erzeugerpreise für Braunkohle und zum Teil die hohen Importpreise für Gas, die verhindern, dass die Gaskraftwerke besser ausgelastet werden, d.h., dass sie auch laufen, wenn keine Spitzenlast benötigt wird. Aber allein mit einer CO_2-Abgabe, die die konkurrierenden Kohlekraftwerke nicht bevorzugen würde, könnte die Wirtschaftlichkeit erheblich verbessern. Außerdem müsste die Einspeisung von Wasserstoff oder Methan in das Erdgasnetz gesetzlich geregelt werden, wenn die vorhandenen Erdgas-Speicher zur Stabilisierung des Stromnetzes eingesetzt werden sollen.

[24] Mitteilung des Regionalverbands Windenergie OBB, Münchner Merkur vom 12.8.08. Die Energieträger sind demnach: Wind mit 35% der Stromerzeugung, Erdgas mit 25%, Biomasse (einschl. Biogas) mit 20%, Wasserkraft mit 8% und Geothermie mit 7%. Die Fotovoltaik spielt hier mit 5% noch keine wesentliche Rolle. Diese Aussage ist inzwischen überholt, weil sich die Sonnenkollektoren schneller durchsetzen als vermutet.

[25] Nationaler Allokationsplan der Bundesregierung (NAP II) 2008–2012. siehe z.B.
BUND: Der Emissionshandel schafft Anreize für neue Kohlekraftwerke

www.bund.net/themen_und_projekte/klima_energie/kohlekraftwerke/emissionshandel

[26] Sigrid Totz (Greenpeace): Emissionshandel: Trick 17 zugunsten der Braunkohle. Greenpeace online-Nachricht vom 22.6.2007

www.greenpeace.de/themen/klima/nachrichten/artikel/emissionshandel_trick_17_zugunsten_der_braunkohle/

[27] K-H. Tetzlaff: Wasserstoff für Alle. Wie wir der Öl-, Klima- und Kostenfalle entkommen. Books on Demand GmbH, Norderstedt, 3. Auflage 2011

[28] Hamburger Abendblatt vom 30.5.2012: „Bundeskanzlerin Merkel: Energiewende ist machbar"

www.abendblatt.de/politik/deutschland/article2290863/Bundeskanzlerin-Merkel-Energiewende-ist-machbar.htm

Stern.de vom 29.5.2012: „Rund 3800 Kilometer Stromautobahnen bis 2022 nötig" www.stern.de/politik/deutschland/rund-3800-kilometer-stromautobahnen-bis-2022-noetig-1833514.html

[29] RP online vom 3.6.2012: „Altmaier fordert Stromkostenzuschüsse für Arme"

www.rp-online.de/politik/deutschland/altmaier-fordert-stromkosten-zuschuesse-fuer-arme-1.2856170

[30] www.sueddeutsche.de/wirtschaft/abrissplaene-fuer-deutsche-Atomkraftwerke-verzoegern-sich-strahlendes-erbe-1.1306377

[31] www.greenpeace.de/fileadmin/gdp/user_upload/themen/atomkraft/120411_Studie_Rueckstell_endg_Verweise_aktiv.pdf

[32] www.heise.de/tp/artikel/36/36749/1.html

[33] www.taz.de/!91279

[34] A. M. Stewart, J. Webb, D. Hewitt (1958): A survey of childhood malignancies. British Medical. J. 1, 1495–1508

[35] www.kinderkrebsregister.de

[36] In der ersten Auswertung ergab sich noch ein erhöhtes Risiko:

Keller, B., Haaf, G., Kaatsch, P., Michaelis, J.: Untersuchung der Häufigkeit von Krebserkrankungen im Kindesalter in der Umgebung westdeutscher kerntechnischer Anlagen. Schriftenreihe Reaktorsicherheit und Strahlenschutz, Bundesministerium für Umwelt, Naturschutz und Reaktorsicherheit, GFM Eggenstein-Leopoldshafen, 1992.

Die erwähnten Fehler sind in der zweiten Untersuchung:

Kaletsch, U., Meinert, R., Miesner, A., Hoisl, M., Kaatsch, P., Michaelis, J.: Epidemiologische Studien zum Auftreten von Leukämieerkrankungen bei Kindern in Deutschland. Schriftenreihe Reaktorsicherheit und Strahlenschutz, Bundesministerium für Umwelt, Naturschutz und Reaktorsicherheit BMU-1997-489, GFM Dossenheim 1997.

A. Körblein bezog sich in [41] auf eine weitere Veröffentlichung dieser zweiten Untersuchung:

P. Kaatsch, U. Kaletsch, R. Meinert, J. Michaelis (1998): An extended study on childhood malignancies in the vicinity of German nuclear power plants. Cancer Causes Control 9, 529–533

[37] P. J. Cook-Mozaffari, S. C. Darby, R. Doll, D. Forman, C. Hermon, M. C. Pike, T. J. Vincent (1989): Geographical variation in mortality from leukaemia and other cancers in England and Wales in relation to proximity to nuclear installations, 1969–78, British J. Cancer 59, 476–485

[38] siehe z.B. S. Jablon, Z. Hrubec, J. D. Boice jr (1991): Cancer in populations living near nuclear facilities: A survey of mortality nationwide and incidence in two states. JAMA 265, 1403–1408

[39] Eine gute Zusammenfassung zum damaligen Zeitpunkt findet man in: H. Ziggel (1997): Stellungnahme zum Nachweis der Diskonkordanz von § 45 StrlSchV („30 mrem Konzept") im Hinblick auf die Erfüllung des Gebots der Schadensvorsorge nach § 7 Abs. 2 AtG sowie die Zweckbestimmung des Atomgesetzes gemäß § 1 Ziffer 2 AtG in Verbindung mit Art. 2 Abs. 2 GG anhand der Ergebnisse epidemiologischer Untersuchungen zu Gesundheitsschäden in der Umgebung von Atomanlagen. Physikerbüro Bremen, Oktober 1997

[40] Eine knappe Zusammenfassung der neueren Daten aus Deutschland (ohne die Kinderkrebsstudie von 2007), Frankreich, Großbritannien und der Schweiz bietet die Studie: A. Körblein und I. Fairlie (2012): French geocap study confirms increased leukemia risks in young children near

nuclear power plants. Int. J. of Cancer, 1. Sept. 2012, doi: 10.1002/ijc.27585. [Epub ahead of print] PubMed PMID: 22492475.

[41] A. Körblein (1998): Erhöhte Krebsraten bei Kindern im Umkreis von deutschen Kernkraftwerken. Arzt und Umwelt 11, 109–110

Körblein stellte fest, dass in die ursprüngliche Auswertung des Kinderkrebsregisters auch Forschungsreaktoren und zwei Kernkraftwerke mit einbezogen wurden, die nur kurze Zeit im Probebetrieb gelaufen waren. Diese Reaktoren gaben nur wenig Radioaktivität ab. Dadurch wurden die Daten „verdünnt", d.h., der Effekt der leistungsstarken AKW wurde verdeckt. Außerdem wurde eine zweiseitige statt einer einseitigen Statistik verwendet. In einem Brief vom 30.4.1998 bestätigte J. Michaelis, der Teamchef bei der offiziellen Studie, dass nach den genannten Korrekturen im 5-km-Umkreis um die deutschen AKW bei Kleinkindern unter 5 Jahren Krebs deutlich häufiger auftrat als in vergleichbaren anderen Gebieten – bei akuter Leukämie um 75%, bei allen Krebsarten zusammen um 53%. Dieser Effekt war statistisch hoch signifikant.

[42] Siehe z.B. J. Michaelis, P. Kaatsch, U. Kaletsch (1999): Leukämien im Kindesalter. Sonderdruck des Deutschen Ärzteblatts, 96. Jahrgang, Heft 14

[43] P. Kaatsch, C. Spix, S. Schmiedel, R. Schulze-Rath, A. Mergenthaler, M. Blettner (2007): Epidemiologische Studie zu Kinderkrebs in der Umgebung von Kernkraftwerken. Im Auftrag des Bundesministeriums für Umwelt, Naturschutz und Reaktorsicherheit, Bundesamt für Strahlenschutz

http://doris.bfs.de/jspui/bitstream/urn:nbn:de:0221-20100317939/4/BfS_2007_KiKK-Studie.pdf

[44] C. Spix, S. Schmiedel, P. Kaatsch, R. Schulze-Rath, M. Blettner (2008): Case-control study on childhood cancer in the vicinity of nuclear power plants in Germany 1980–2003. Eur J Cancer 44, 275–284

[45] P. Kaatsch, C. Spix, R. Schulze-Rath, S. Schmiedel, M. Blettner (2008): Leukemia in young children living in the vicinity of German nuclear power plants. Int J Cancer 122, 721–726

[46] In der Zusammenfassung von [43] steht auf Seite XI: *„Unsere Studie hat bestätigt, dass in Deutschland ein Zusammenhang zwischen der Nähe der Wohnung zum nächstgelegenen Kernkraftwerk zum Zeitpunkt der Diagnose und dem Risiko, vor dem 5. Geburtstag an Krebs (bzw. Leukämie) zu erkranken, beobachtet wird. Diese Studie kann keine Aussage darüber machen, durch welche biologischen Risikofaktoren diese Beziehung zu erklären ist. <u>Die Exposition gegenüber ionisierender Strahlung wurde weder gemessen noch modelliert.</u> Obwohl frühere Ergebnisse mit der aktuellen Studie reproduziert werden konnten, kann aufgrund des aktuellen strahlenbiologischen und -epidemiologi-*

schen Wissens die von deutschen Kernkraftwerken im Normalbetrieb emittierte ionisierende Strahlung grundsätzlich nicht als Ursache interpretiert werden." (Unterstreichung durch den Autor. „Ionisierende Strahlung" kann hier mit „radioaktive Strahlung" gleichgesetzt werden.)

[47] Ein Jahr vor der Veröffentlichung dieser Untersuchung erschien ein Bericht derselben Gruppe: R. Schulze-Rath, P. Kaatsch, S. Schmiedl, C. Spix, M. Blettner (2006): Krebs bei Kindern in der Umgebung von Kernkraftwerken: Bericht zu einer laufenden epidemiologischen Studie. Umweltmedizin in Forschung und Praxis 11, 20–26. Dort steht auf Seite 23: *„Als Approximation für die mögliche Strahlenexposition durch das Kernkraftwerk wird der Abstand vom Leistungsreaktor (Abluftkamin) zur Wohnadresse der Probandenfamilie zum Zeitpunkt der Diagnosestellung ermittelt."* Das ist ein klarer Widerspruch zur der zitierten Aussage im Bericht [46], denn die „Approximation", mit der die Strahlenexposition ermittelt wurde, ist ein mathematisches Modell.

[48] Es wurde argumentiert, aufgrund unseres heutigen Wissens sei es ausgeschlossen, dass eine derart geringe Radioaktivität, wie sie von den AKW freigesetzt wird, so viele Krebsfälle verursachen könne. Inzwischen versteht man das aber sehr gut: Der Grund ist, dass die radioaktiven Partikel nicht gleichmäßig über das ganze Jahr hin ausgestoßen werden, sondern zu einem Großteil in kurzer Zeit während der jährlichen Revision der AKW. In einem solchen Fall kann eine kurze, starke radioaktive Belastung zu größeren Schäden führen als eine schwächere, gleichmäßig verteilte: A. Körblein (2011): Kinderkrebs um Kernkraftwerke: Stationen einer Aufklärung. umwelt•medizin•gesellschaft 24, 15–23

[49] Eine zusammenfassende Darstellung von vielen: Warum Grenzwerte schädigen, nicht schützen – aber aufrechterhalten werden. Beweise eines wissenschaftlichen und politischen Skandals. Erschienen 2009 als Heft 4 in der Reihe „Wirkungen des Mobil- und Kommunikationsfunks" der Kompetenzinitiative zum Schutz von Mensch, Umwelt und Demokratie, ISBN 978-3-9812598-2-7, Bezug: bestellung@diagnose-funk.org

[50] Resolution 1815/2011 des Europarats vom 27.5.2011, Ziffer 8.2.1

Europäisches Parlament, Generaldirektion Wissenschaft – Direktion A, STOA – Bewertung wissenschaftlicher und technologischer Optionen, PE Nr. 297.574, März 2001, S. 9, 13, 17, 18

Beschluss 2008/2211(INI) des EU-Parlaments vom 2.4.2009

Europäische Umweltagentur, Erklärung „Health risks from mobile phone radiation – why the experts disagree" vom 12. 10. 2011. Darin empfiehlt sie auf S. 3, dass sich die politischen Entscheidungsfindungen beim Gehirntumorrisiko gemäß dem Vorsorgeprinzip ausrichten sollten. Für den vollen Text siehe www.eea.europa.eu/highlights/

International Agency for Research on Cancer (WHO), press release No 208 vom 31.5.2011; IARC_ClassificationsGroupOrder.pdf in: Agents classified by the IARC Monographs, Volumes 1–102

[51] Ein Beispiel von mehreren ist die Pressemeldung 2/09 des Bundesamts für Strahlenschutz vom 12.1.2009 mit dem Titel: „Untersuchung zeigt keinen Einfluss von Mobilfunk auf das Wohlbefinden bei Kindern und Jugendlichen. Langzeitwirkungen des Mobilfunks für Heranwachsende aber weiter offen". Warum wurden keine Langzeitstudien gemacht, obwohl dies möglich gewesen wäre und sie von unabhängigen Wissenschaftlern außerhalb des Mobilfunk-Forschungsprogramms auch tatsächlich durchgeführt wurden?

[52] www.vodafone-stiftung.de/content/programme/vodafone_chancen/partnerhochschulen/index.html

[53] Es handelt sich um die International Agency for Research on Cancer IARC, eine Agentur der Weltgesundheitsbehörde WHO. Sie klassifizierte Mikrowellenstrahlung, wie sie beim Mobilfunk usw. auftritt, als „möglicherweise krebserzeugend" ein (siehe [50]). Siehe z.B. Bernd Budzinski: Rückblick 2011: Mobilfunk im Zenith – Rechtsprechung im Funkschatten. NVwZ 2012, 547–550, Seite 549.

[54] *F. Adlkofer, K. Richter (2011): Strahlenschutz im Widerspruch zur Wissenschaft, Schriftenreihe der Kompetenzinitiative zum Schutz von Mensch, Umwelt und Demokratie e.V., Heft 5, ISBN 978-3-9812598-3-4, Bezug: bestellung@diagnose-funk.org*

Ein weiterer, ähnlicher Fall:

www.pulsstrahlung.de/umweltmedizin.htm .

Siehe auch Torsten Engelbrecht: Mehr weiß man erst zu spät. WOZ Die Wochenzeitung vom 11.3.2010,

www.baubiologie-berlin.de/cmsbaubiologie/Berichte/Mehr weiss man erst zu spaet.pdf

[55] Jahresbericht 1998 des BfS: http://www.bfs.de/de/bfs/publikationen/berichte/jb/jb_bis_2002/jb1998_s_ish_bi.pdf Dort stehen auf S. 5 als vorrangige Arbeitsgebiete des Fachgebiets „nichtionisierende Strahlen – Dosimetrie" u.a.: „Grenzwertempfehlungen: Mitarbeit bei der Erstellung von internationalen Empfehlungen über elektromagnetische Felder" und „Ausbau der internationalen Zusammenarbeit mit der WHO und der ICNIRP sowie Betreuung des ICNIRP Sekretariats."

Dabei ist die ICNIRP (International Commission on Non-Ionizing Radiation) ein industrienaher privatrechtlicher Verein mit Sitz in Neuherberg bei München (Vereinsregister des Amtsgerichts München Nr. VR 14570), der nur Mitglieder aufnimmt, die von bereits amtierenden Mitgliedern empfohlen werden.

[56] Berichte der Strahlenschutzkommission (SSK) des Bundesministeriums für Umwelt, Naturschutz und Reaktorsicherheit, Heft 25 (2000): Jahresbericht 1999, hier Anhang 3. Siehe auch Klaus Buchner und Martin Schwab 2012: Die Grenzwerte der 26. BImSchV: Naturwissenschaftliche und juristische Defizite. Zur Veröffentlichung eingereicht. Kapitel III: Sachverständige Beratung des Staates und das Demokratieprinzip

[57] Jean Ziegler: Aufstand des Gewissens. Die nicht gehaltene Festspielrede 2011. Ecowin Verlag, Salzburg 2011

[58] Jean Ziegler in der Süddeutschen Zeitung vom 8.9.2012, SZ Wochenende, Seite V2/3

[59] Oft wird behauptet, Hunger sei eine logische Konsequenz des Bevölkerungswachstums; die Erde könne die wachsende Zahl an Menschen nicht mehr tragen. Das ist so nicht richtig. Denn nach dem World Food Report könnte im Augenblick noch für doppelt so viele Menschen, wie es zurzeit auf der Erde gibt, genügend Nahrung erzeugt werden, wenn man den Fleischkonsum drastisch einschränkte, der große Teile der vorhandenen Ackerfläche beansprucht. Die sicherste Methode, das Bevölkerungswachstum zu begrenzen, ist ein menschenwürdiger Lebensstandard für alle.

[60] Eva Joly: Im Auge des Zyklons. Mein Kampf gegen internationalen Finanzbetrug. Goldmann Verlag, München 2006

[61] In einigen Ländern sind die Verhältnisse genau entgegengesetzt: Die stark subventionierten Nahrungsmittelexporte der EU sind oft billiger als einheimische Produkte. Dadurch liegen in einigen Ländern große Ackerflächen brach, weil die Bauern ihre Produkte nicht mehr verkaufen können. Sie sind oft gezwungen, als Gelegenheitsarbeiter Jobs in den Städten zu finden. Hier wäre eine EU-Politik nötig, die die Exporte nur in Länder bringt, die sie gerade benötigen.

[62] John Perkins: Bekenntnisse eines Economic Hitman. Goldmann Verlag, München, 5. Auflage, 2007, S. 25 und 27. Die dort angegebenen Fakten und Zahlen beziehen sich auf das Erscheinungsjahr 2004 der englischen Originalgabe des Buchs.

[63] Naomi Klein: Die Schock-Strategie. Der Aufstieg des Katastrophen-Kapitalismus. Fischer Taschenbuch, Frankfurt/M, 4. Auflage 2012, S. 229

4. Europäische Finanzkrise und Euro-Rettungsschirm

Die Euro-Krise ist ein klares Beispiel dafür, welchen Einfluss große internationale Finanzinstitute auf die europäischen Staaten haben und wie es ihnen gelungen ist, Steuergelder in ihre Kassen zu leiten. Dabei geht es um mehr als nur um große Gewinne. Um dies zu verstehen, muss man weit ausholen.

Wie kam es zur Euro-Krise?

Die Gründe für die Euro-Krise sind vielfältig [1]: Hier ist zunächst die weltweite Wirtschafts- und Finanzkrise zu nennen. Sicher spielt auch eine falsche Politik der Krisenländer eine entscheidende Rolle, deren Regierungen ihren Wählern mehr Wohltaten zukommen ließen, als sie sich leisten konnten. In einigen dieser Länder herrscht eine staatliche Misswirtschaft in einem Ausmaß, wie es bei uns kaum vorstellbar ist. Aber diese Verhältnisse bestehen seit Jahrzehnten. Warum kommt der Zusammenbruch gerade jetzt?

Bei der Einführung des Euro wurden falsche Wechselkurse benutzt: Einige Währungen wie die griechische Drachme und der französische Franc wurden gegenüber der DM aufgewertet. Das hatte den Effekt, dass in diesen Ländern die Importe aus Deutschland billiger wurden und dass außerdem die Löhne gegenüber Deutschland zu hoch angesetzt wurden. So ergab sich in Griechenland seit 1998 (vor der Einführung des Euro) bis 2010 eine inflationsbereinigte Lohnsteigerung von etwa 80%, bei uns dagegen von nur

0,8%. Dadurch wurden die Waren und Dienstleistungen aus Griechenland im Vergleich zu anderen Ländern zu teuer, d.h., es wurde weniger exportiert, dafür aber mehr importiert. Deutschland als Exportnation profitierte zunächst davon. In Griechenland und Spanien ging auch noch der Tourismus zurück, weil andere Länder wie die Türkei ähnliche Leistungen billiger anbieten konnten.

Durch die Einführung des Euro sanken die Zinsen für die Staatsanleihen der Euroländer, weil die Sicherheit und die Stabilität der neuen Währung durch viele finanzkräftige Länder garantiert schienen und dadurch das Risiko für die Geldgeber geringer eingeschätzt wurde [2]. Außerdem warf die US-amerikanische Federal Reserve Bank viel Geld zu extrem niedrigen Zinsen auf den Markt, das auch den Regierungen in Europa zur Verfügung stand. Deshalb konnten sich alle Euro-Länder jetzt eine hohe Staatsverschuldung leisten. Die Probleme kamen erst, als die Kreditwürdigkeit einiger dieser Länder von den amerikanischen Ratingagenturen herabgestuft wurde. Das heißt, sie schätzten das Ausfallrisiko für die Geldgeber höher ein. Um das auszugleichen, wurde für diese Staatsanleihen ein höherer Zinssatz verlangt. Einige Länder wie Griechenland konnten dann die Zinsen für ihre Schulden nicht mehr bezahlen; es drohte der Staatsbankrott. Auch Deutschland hätte erhebliche Schwierigkeiten, wenn sich der Zinssatz für seine Staatsschulden wesentlich erhöhte.

Der entscheidende Fehler bei der Einführung des Euro war aber, dass Volkswirtschaften mit sehr unterschiedlichen Produktivitäten und Lohnniveaus in ein einheitliches Währungsgebiet zusammengefasst wurden. So hatten die Euroländer keine Möglichkeit mehr, ihre Wechselkurse durch Ab- oder Aufwertungen anzupassen, um beispielsweise bei schwacher Wirtschaft den Export anzukurbeln. Die Krise ist also auch ein Geburtsfehler des Euro.

Hier muss man sich fragen, warum bei der Einführung des Euro derart fundamentale Fehler gemacht wurden, obwohl doch bekannt sein musste, dass dadurch sehr bald erhebliche Probleme entstehen würden. In diesem Zusammenhang ist es wichtig zu wissen, dass der damalige französische Staatspräsident Mitterand die Abschaffung der DM zugunsten einer einheitlichen europäischen Währung als Gegenleistung für die deutsche Wiedervereinigung forderte [3]. Dies geschah zu einem Zeitpunkt, als der französische Franc sehr schwach war.

Außerdem ist zu beachten, dass Griechenland die Voraussetzungen für die Aufnahme in die Euro-Währungsunion nicht erfüllte. Die Mitgliedschaft wurde durch eine Verschleierung der Bilanzen im griechischen Haushalt erreicht. Obwohl das den maßgebenden Politikern bekannt wurde, stimmten die Regierungen der Euro-Länder der Aufnahme Griechenlands zu. Auch danach konnte Griechenland die Vorgaben für die Euro-Länder nicht erfüllen. Hier half ein Verstecken von Defiziten, die das US-amerikanische Geldinstitut Goldman Sachs durchführte [4].

Alle diese Fehler bei der Einführung des Euro lassen sich nicht mit einer übertriebenen Europa-Euphorie erklären. Finanzfachleuten war damals schon klar, dass der Euro unter solchen Umständen sehr bald ernsthafte Probleme bekommen musste [1]. Warum wurde damals gegen jede ökonomische Vernunft gehandelt?

Gigantische Summen

Um Griechenland und die übrigen Krisenländer vor dem Staatsbankrott zu bewahren, beschlossen die Eurostaaten zunächst, Garantien für die Staatsanleihen zu geben. Dadurch sollten die vom Kapitalmarkt geforderten Zinssätze wieder sinken. Das war ein Bruch der EU-Verträge [5]. Deshalb musste der „Vertrag über die Arbeitsweise der Europäischen Union" am 16. Dezember 2010 in aller Eile geändert werden. Aber selbst dadurch konnten nicht alle Verstöße gegen geltendes Recht beseitigt werden [6].

Es zeigte sich jedoch schon bald, dass Garantien allein nicht ausreichten. Deshalb wurden 2010 der „Europäische Finanzstabilisierungsmechanismus" EFSM und die „Europäische Finanzstabilisierungsfazilität" EFSF geschaffen, die für Zahlungen und Garantien ein Gesamtvolumen von immerhin 780 Milliarden Euro hatten [7]. Aber selbst von dieser gigantischen Summe war schnell ein großer Teil verplant. Man erkannte, dass auf Dauer mehr benötigt wurde, um die Krisenländer vor der Zahlungsunfähigkeit zu bewahren. Daher einigten sich die europäischen Staatschefs schon im folgenden Jahr auf einen neuen Vertrag, den „Europäischen Stabilitätsmechanismus" ESM [8] mit einem Volumen von zunächst „nur" 700 Milliarden Euro, das aber jederzeit erhöht werden kann. Bereits vor seinem Start wurden dabei Summen von 1.000 Milliarden Euro und mehr genannt. Auf Deutschland entfallen davon vorerst 27%. Wenn aber Staaten wegen Finanzproblemen für die Zahlung ausfallen, müssen nach dem Vertragstext die übrigen Staaten deren Anteile übernehmen. Damit könnten die deutschen Anteile deutlich höher ausfallen als der gesamte Bundeshaushalt [9].

Gegen den ESM wurden beim Bundesverfassungsgericht mehrere Klagen eingereicht. In seiner Eilentscheidung [10], die am 12. September 2012 verkündet wurde, legte das Gericht fest, dass die Haftung der Bundesrepublik zunächst auf ihren Anteil an den 700 Milliarden Euro, also auf 190 Milliarden, beschränkt bleiben muss. Jeder weiteren Erhöhung muss der Bundestag zustimmen. Das war im Vertrag so nicht vorgesehen. Diese Klausel nützt freilich wenig. Denn am 6. September 2012, also wenige Tage vor diesem Urteil, beschloss die Europäische Zentralbank EZB, dass sie „unbegrenzt"

Staatsanleihen von Euro-Krisenländern aufkaufen werde [11], [12]. Deutschland haftet auch hier mit einem Anteil von 27%, das heißt: in der Summe ebenfalls unbegrenzt.

Auch diese Ankäufe sind nach den EU-Verträgen illegal. Denn dort ist festgelegt, dass der Ankauf von Staatsanleihen nicht zu den Aufgaben der EZB gehört [13]. Eigentlich müsste deshalb die Bundesregierung vor dem Europäischen Gerichtshof klagen. Aber außer einigen markigen Worten [12] ist nichts geschehen.

Gleichzeitig mit dem ESM wurde der sog. „Fiskalpakt“ [14] (offizieller Name: Vertrag über Stabilität, Koordinierung und Steuerung in der Wirtschafts- und Währungsunion) geschlossen, der die Euroländer zu mehr Haushaltsdisziplin anhalten soll.

In der Nacht vor der Abstimmung über den ESM und den Fiskalpakt im Bundestag und Bundesrat gestand die Bundeskanzlerin den übrigen europäischen Regierungschefs eine Änderung dieser beiden Verträge zu [15]: Künftig können Banken in Krisenländern direkt mit Geldern aus dem ESM, also mit unseren Steuergeldern, „gerettet“ werden, ohne dass die entsprechenden Staaten für die Rückzahlung haften müssen. Außerdem brauchen verschuldete Länder nicht mehr automatisch ein strenges Reformprogramm durchzuführen, wenn sie Geld vom ESM in Anspruch nehmen. Im Bundestag und Bundesrat wurde in aller Eile über die beiden Verträge in ihrer alten Form abgestimmt, obwohl sie bereits überholt waren.

Eine weitere enorme Belastung für den deutschen Steuerzahler können die sog. TARGET-2-Kredite werden. Das sind Gelder, die die Deutsche Bundesbank für den Handel mit den südeuropäischen Ländern auslegen muss [16]. Die deutschen Exporte in die Krisenländer werden vorwiegend auf diese Weise abgewickelt, also letztlich mit Geldern finanziert, die der deutschen Wirtschaft entzogen werden. Vereinfacht ausgedrückt: Unsere Exporte in diese Länder laufen meist auf Kredit. Das hält zwar unsere Wirtschaft am Laufen. Aber durch die TARGET-Kredite wird nicht nur viel Geld gebunden, sondern auch ein großer Teil der Gewinne, die mit den so finanzierten Geschäften erzielt werden, geht ins Ausland, weil viele Unternehmen nicht in deutscher Hand sind. Also ergibt das einen doppelten Verlust für die deutsche Wirtschaft bzw. die Staatskasse.

Die TARGET-Kredite betrugen Anfang März 2012 noch etwa 550 Milliarden Euro; am 8. Juni waren es schon 699 Milliarden [17]. Zum Vergleich: Das gesamte Aufkommen an Einkommen- und Mehrwertsteuer betrug im Jahr 2011 nur rund 310 Milliarden Euro! Die TARGET-2-Kredite entstehen durch einen „Fehler" in den Statuten der Europäischen Zentralbank EZB. Es besteht kaum eine Hoffnung, dass diese Summen in der nächsten Zeit zurückbezahlt werden – wenn überhaupt jemals. Das ist aber Geld, das dem deutschen Steuerzahler gehört! Warum lässt die Bundesregierung solche Regeln für den europäischen Zahlungsverkehr zu? Sicher hat sie genügend Fachleute, die diese offensichtlichen Fehler erkennen.

Machen wir uns klar, was alle diese Zahlen bedeuten: Die 700 Milliarden Euro für den ESM müssen zwar nur zu einem kleinen Teil (das sind 80 Milliarden) eingezahlt werden. Für den Rest haften die im ESM vertretenen Staaten aber, so dass bei Bedarf die gesamte Summe von 700 Milliarden abgerufen werden kann. Im Augenblick entfallen auf Deutschland gut 27% davon, also 190 Milliarden Euro. Jeder Bundesbürger, vom Baby bis zum Greis, steht demnach für 2375 Euro gerade, ohne dass er gefragt worden wäre. Das ist aber nur der augenblickliche Zustand, denn nach oben ist keine Grenze gesetzt und auch keine absehbar! Außerdem kommen noch weitere Lasten von etwa 1,7 Billionen (also 1 700 Milliarden) Euro durch die „normale" Staatsverschuldung und noch einmal 700 Milliarden durch die TARGET-Kredite hinzu. Das bedeutet, dass jeder Deutsche, auch jedes neugeborene Kind, mit mehr als 32.000 Euro belastet ist, teils durch Schulden und teils durch Bürgschaften oder Kredite, die in absehbarer Zeit nicht zurückbezahlt werden können. Dazu meinte der Kabarettist Bruno Jonas, jetzt wisse er, woher der Name „Bürger" komme: weil er für alles bürge [18].

Die Folgen

Wie können wir unseren Anteil am Europäischen Rettungsschirm bezahlen, falls er fällig wird? Es gibt nur zwei Möglichkeiten. Entweder wird Deutschland ebenfalls zahlungsunfähig, oder wir lassen sehr viel Geld drucken, was wohl einen erheblichen Inflationsschub bewirken würde. Dabei ist ein Problem, dass in Europa heute schon neues Geld in großer Menge auf den Markt geworfen wird. Ende 2007 betrug die Bilanzsumme des Eurosystems rund 1,2 Billionen Euro, Anfang Juni 2012 waren es schon 3,0 Billionen [19]. Dadurch werden die Löhne, Renten und alle anderen Sozialleistungen weniger wert, weil man mit seinem Geldbetrag bei höheren Preisen weniger kaufen kann. Die Zeche zahlen also die Mittelschicht und die sozial Schwachen. Besonders hart getroffen werden die kleinen und mittelständischen Unternehmen, deren Tätigkeit auf Europa konzentriert ist. Denn eine Inflation ist gewöhnlich mit einer Abwertung des Euro verbunden. Kleine Unternehmen haben aber keine Möglichkeit, auf andere Märkte auszuweichen und so von den besseren Exportchancen durch die Abwertung zu profitieren.

Wo bleiben Recht und Demokratie?

Mit dem „Rettungsschirm" ESM und unseren Anteilen an der EZB geben wir die Freiheit, über unsere Staatsfinanzen zu bestimmen, zu einem guten Teil auf. Denn die Geschäfte des ESM führen sein Direktorium und der Geschäftsführende Direktor. Das sind Finanzfachleute ohne demokratische Legitimation, weil sie nicht vom Volk gewählt, sondern von den Finanzministern ernannt werden [20]. Der Geschäftsführende Direktor des ESM kann von Deutschland innerhalb kurzer Zeit sehr hohe Summen einfordern. Im Extremfall wären das bis zu 190 Milliarden Euro innerhalb von sieben Tagen. Dazu ist kein Beschluss des Bundestags oder irgendeines anderen demokratisch gewählten Gremiums nötig [21].

Der ESM-Vertrag ist außerdem unkündbar. So wird auch in Zukunft unsere Wirtschafts- und Finanzpolitik zum Teil nicht mehr von gewählten Volksvertretern, sondern von einer Gruppe internationaler Banker bestimmt.

Außerdem genießen alle für den ESM arbeitenden Personen volle Immunität, d.h., niemand kann für seine Tätigkeit beim ESM zur Rechenschaft gezogen werden, nicht einmal für kriminelle Handlungen [22]! Die Unterlagen können nicht eingesehen werden [23] und die Gelder des ESM können sogar bei Unregelmäßigkeiten nicht zurückgefordert werden. Alle Rechnungsprüfer müssen von den Verantwortlichen des ESM selbst zugelassen werden [24]. So wurde eine Einrichtung geschaffen, die praktisch ohne Kontrolle über die Wirtschaft und das Sozialwesen ganzer Länder entscheiden kann. Eine vollständigere Diktatur kann es wohl nicht geben – und die Länder haben dazu noch selber die Einwilligung gegeben! Besonders empörend ist, dass Deutschland die treibende Kraft dahinter war! Es heißt ja: Nur die allerdümmsten Kälber wählen sich ihre Metzger selber …

Die Entscheidung der EZB, Staatsanleihen von krisengeschüttelten Euro-Ländern unbegrenzt aufzukaufen, macht die Situation noch schlimmer. Denn die Zentralbank ist unabhängig von allen politischen Entscheidungen; kein europäisches Parlament kann sie beeinflussen oder kontrollieren. Das bedeutet, dass die EZB bei diesen Ankäufen in beliebiger Höhe über unser Geld verfügen kann, ohne dass wir etwas dagegen unternehmen können.

Wirtschaftsdiktatur auch bei uns?

Die Verschuldung Deutschlands ist wie die der meisten europäischen Länder so hoch [25], dass nach dem Fiskalpakt jederzeit ein „Defizitverfahren" gegen uns eröffnet werden kann, wenn die EU es beschließt [26]. Dann muss die Regierung ein „Haushalts- und Wirtschaftspartnerschaftsprogramm" vorlegen, das von der EU-Kommission und vom Europäischen Ministerrat genehmigt und überwacht wird. Damit bestimmen nicht mehr die gewählten Volksvertreter in der Regierung und im Bundestag die Leitlinien unserer Wirtschafts- und Finanzpolitik sowie unseren Haushalt, sondern eine Gruppe internationaler Finanzfachleute – so wie heute in Griechenland. Das ist das Ende von Demokratie und Rechtsstaat. Außerdem folgen Kürzungen von Löhnen, Renten und Sozialleistungen sowie der Zusammenbruch eines Teils der Wirtschaft.

Wer hat die Macht?

Man kann aber sicher sein, dass kein Defizitverfahren gegen Deutschland eingeleitet wird, solange es noch irgendwie in der Lage ist, einen wichtigen finanziellen Beitrag zum ESM zu leisten. Man schlachtet ja das Huhn nicht, das goldene Eier legt. Dasselbe gilt für die vielen anderen Länder, deren Staatsverschuldung ebenfalls über 60% ihres Bruttoinlandsprodukts liegt. Trotzdem: Ein Defizitverfahren mit all seinen Folgen könnte sofort gegen die meisten Länder der Eurozone eröffnet werden. Warum schließt man einen derartigen Vertrag? Warum gibt man auch ohne Defizitverfahren einen wichtigen Teil seiner Souveränität an die „Finanz-Troika" ab, die aus der EU-Kommission, der Europäischen Zentralbank (EZB) und dem Internationalen Währungsfonds (IWF) besteht? Hier fragt man, wer wirklich die Macht in Europa hat.

Privatisierung als Weg aus der Krise?

Ein weiteres Problem ist, dass auch die Schulden der Gemeinden zu den Staatsschulden zählen. Wenn letztere wegen der gesetzlich verankerten „Schuldenbremse" nicht weiter wachsen können, dürfen auch die Gemeinden keine Kredite mehr aufnehmen. Wie sollen aber z.B. die Erneuerung der Wasserversorgung oder andere Infrastrukturmaßnahmen finanziert werden, die durch Gebühren erst in zehn oder zwanzig Jahren abbezahlt werden können? Wenn solche Kredite nicht mehr möglich sind, bleibt den Gemeinden nur die Privatisierung, also der Verkauf dieser Einrichtungen, selbst wenn es sich um wichtige Teile der Daseinsvorsorge handelt. Ein privater Investor muss aber Gewinn machen. Daher ist er vom Ansatz her immer teurer als eine Einrichtung in öffentlicher Hand. Was das für den Bürger bedeutet, hat man bei der Berliner Wasserversorgung gesehen, die nach der Privatisierung so teuer geworden ist, dass sie später mit hohem Aufwand wieder zurückgekauft werden musste.

Wem nützt der Rettungsschirm?

Um das nötige Kapital für die Kredite aufzubringen, druckt die Europäische Zentralbank EZB laufend neues Geld. Sie verleiht es an andere Banken für etwa 1% Zins. Diese geben damit Kredite an die Krisenländer zu mindestens 3% Zins, meist aber wesentlich mehr. Das ist ein gewaltiges Geschäft, das noch dazu völlig risikolos ist, weil es die „American Insurance Group“ gibt, eine Art Rückversicherung für Banken gegen Kreditausfall. Diese ist natürlich sehr daran interessiert, dass die Kredite tatsächlich zurückgezahlt werden, ebenso wie die Banken ohne eine derartige Rückversicherung. Um das zu erreichen, werden in den Schuldnerländern sogar Menschenrechte verletzt [27], z.B. das Recht auf Schutz vor Hunger, der wegen der wachsenden Arbeitslosigkeit, der Rentenkürzungen und der Einsparungen im Sozialsystem immer mehr um sich greift. Wenn alle Stricke reißen und trotz aller Zwangsmaßnahmen nicht zurückgezahlt wird, „rettet“ der ESM, genauer der Steuerzahler, die Banken und die American Insurance Group.

Sicher ist für die Euro-Krise auch die Währungspolitik der USA von großer Bedeutung. Denn der Dollarkurs drohte abzusacken, weil die Federal Reserve Bank große Mengen an Dollars drucken ließ. Deshalb gab es Bestrebungen, wichtige internationale Geschäfte mit dem Euro statt mit dem Dollar abzuwickeln. Das wäre für die USA eine wirtschaftliche Katastrophe gewesen. Wenn nämlich der Dollar seine Rolle als weltweite Leitwährung verlöre und die internationalen Geschäfte auf der Basis einer anderen Währung vereinbart würden, so müssten die USA in ihrem internationalen Handel jeden Wertverlust des Dollar in Devisen ausgleichen. Und der ständige Zufluss an Geld in die USA würde gestoppt. Das wurde durch die Euro-Krise abgewendet, weil auch das Vertrauen in den Euro zerstört wurde.

Die Eurokrise erreichte erst durch die Vorgänge in Griechenland ihr jetziges Ausmaß. Dass es überhaupt so weit kommen konnte, geht auf das Finanzinstitut Goldman Sachs zurück, das die Verschleierung der griechischen Staatsschulden ermöglicht hat. Davon profitieren viele Geldhäuser und natürlich auch Goldman Sachs.

So ist es verständlich, dass sehr wenig unternommen wird, den Krisenländern wirtschaftlich wieder auf die Beine zu helfen. Im Gegenteil: Die aufgezwungenen Sparmaßnahmen zerstören noch den Rest ihrer Wirtschaftskraft. Das müsste nicht sein, wenn die EU die nötigen Ausgleichs-, Stützungs- und Umstrukturierungsmaßnahmen durchführte. Es fällt auf, dass wir in den verschiedenen Rettungsschirmen zwar für sehr viel Geld bürgen und es auch zahlen, um die Banken zu befriedigen, aber sehr wenig für die Wirtschaft der Krisenländer tun (was natürlich nicht durch Direktzahlungen an die betreffenden Regierungen geschehen könnte).

Die Krisenländer, die sich unter den Euro-Rettungsschirm begeben, müssen sich den Forderungen der „Troika" beugen, die aus der EU-Kommission, der EZB und dem IWF besteht. Welche Ziele verfolgen diese drei? Der EU-Kommission ist seit langem die finanzpolitische Selbständigkeit der Euroländer ein Dorn im Auge. Das hat seine Berechtigung, weil ein einheitliches Währungsgebiet auch eine sorgfältig abgestimmte Finanzpolitik voraussetzt. Die Politik der EZB wird verständlich, wenn man bedenkt, dass ihr Chef früher eine leitende Funktion bei Goldman Sachs hatte. Beim „Retten" von Krisenländern kann die Troika vor allem auf den IWF zurückgreifen, der hier viel Erfahrung hat. Seine Kredite wurden immer an die Bedingung geknüpft, dass die Forderungen des Washingtoner Konsenses [28] erfüllt werden. Sie bilden das Kernstück der Chicagoer Schule, die einen ungezügelten Kapitalismus verlangt [29]. Ihre drei Grundforderungen sind: Erstens: Der Einfluss des Staats auf die Wirtschaft soll so weit wie möglich ausgeschaltet werden. Insbesondere dürfen die wirtschaftlichen Aktivitäten der Konzerne und Banken nicht staatlich reglementiert werden, und ein freier Waren- und Geldverkehr muss garantiert sein. Das führt auch dazu, dass finanzkräftige internationale Konzerne viele kleine und mittelständige Firmen aufkaufen und so riesige Kartelle bilden. Diese „Liberalisierung“ war eine der Bedingungen dafür, dass der IWF den asiatischen „Tigerstaaten“ in der Krise von 1997 Kredite gewährte. Die Folge war ein Totalausverkauf der wichtigsten Industriebetriebe zu Schnäppchenpreisen [30]. In Europa bildet dieser freie Waren- und Geldverkehr bereits eine der Grundlagen der EU-Verträge. Er muss also nicht noch gefordert werden.

Dagegen ist hier die zweite Bedingung umso härter: eine drastische Kürzung der Sozialausgaben. Das betrifft u.a. die Sozialhilfe, die Renten und das Gesundheitswesen. Auch der Arbeitsmarkt muss dereguliert und der Einfluss der Gewerkschaften beschnitten werden.

Die dritte Forderung ist, dass möglichst alles privatisiert wird, was der Staat bisher für die Infrastruktur und die Daseinsvorsorge geleistet hat, also Schulen, Wasser- und Elektrizitätsversorgung, Autobahnen, Kranken- und Sozialversicherungen usw. Das bietet besonders für internationale Konzerne enorme Gewinnmöglichkeiten [31], wenn sie bei einem freien Geldverkehr die Erträge an ihre Zentralen irgendwo in der Welt überweisen können.

Wie bereits gezeigt wurde, sind diese Forderungen in die EU-Verträge bereits weitgehend eingearbeitet: Im Vertrag von Lissabon wurde die Privatisierung staatlicher Betriebe und Aufgaben vereinbart, und die Sozialgesetzgebung wird der Wettbewerbsfähigkeit der Wirtschaft untergeordnet. Außerdem steht die Kommission, die sozusagen die Regierung bildet, unter dem direkten Einfluss der Wirtschaft.

Das ist in den Verträgen zwar so bestimmt, aber bis jetzt ist nur ein Teil davon verwirklicht. Denn unter normalen Umständen lässt sich dieser ungezügelte Kapitalismus in Europa nicht durchsetzen, weil nur einige wenige davon profitieren, während das Gros der

Bevölkerung verliert. Genau hier setzt eine Idee des Chicagoer Wirtschaftstheoretikers und Nobelpreisträgers Milton Friedman [32] an: Befindet sich die Bevölkerung durch irgendein Ereignis in einem „Schockzustand", so kann man ihr leichter Privatisierungen, Deregulierungen und den Abbau von Sozialleistungen als „alternativlos" aufdrängen. Ist nämlich die Krise groß genug, so folgt man gern jedem, der einen Ausweg verspricht, auch wenn er nicht nur Dinge tut, die für die Lösung der Krise nötig sind. Dieses Prinzip wurde in vielen Ländern mit Erfolg angewandt [30]: z.B. 1965 in Indonesien, 1968 in Argentinien, in Russland nach dem Zusammenbruch des Kommunismus durch Boris Jelzin, der die wertvollsten Staatsbetriebe an die Oligarchen verschleuderte, in China, das 1989 nach dem Massaker auf dem Platz des Himmlischen Friedens die kollektiven Felder an die „Prinzchen" so gut wie verschenkte, und im Irak nach dem Schock des Kriegs. Wird Europa durch die Euro-Krise das nächste Beispiel sein? Dafür spricht, dass die Troika von den Euro-Krisenländern vor allem die Befolgung der Grundprinzipien des ungezügelten Kapitalismus einfordert. Eine Sanierung der Wirtschaft spielt dagegen so gut wie keine Rolle [33]. Das wäre aber die Voraussetzung dafür, dass die griechische Wirtschaft wieder funktionsfähig wird. Daran ist man offensichtlich nicht interessiert. Auch in Italien wurde für Stützungsmaßnahmen der EZB die Bedingung gestellt, dass das Haushaltsdefizit gesenkt wird. Dabei wurde ausdrücklich verlangt, dass das nicht durch Steuererhöhungen, sondern durch Senkung der Sozialausgaben geschieht [34].

Der Sozialabbau und die Privatisierung staatlicher Aufgaben lassen sich in Europa nur durchsetzen, wenn der Einfluss der demokratischen nationalen Regierungen zurückgedrängt wird. Zu diesem Zweck will Bundesfinanzminister Schäuble die europäischen Nationalstaaten weitgehend auflösen [35]. Deutschland müsse in der Europäischen Union aufgehen. Dabei will er aber gar kein starkes Europa. Im Gegenteil: Er will nicht einmal eine Regierung, sondern ein Gebilde so ähnlich wie ein Staat, in dem für die einzelnen Sachthemen verschiedene Institutionen zuständig sind – wie eben für die Staatsschulden der ESM mit seinen absolut undemokratischen Strukturen. Und er weiß, dass sich diese Reformen nur durchsetzen lassen, wenn im Rahmen der Finanzkrise die angebotenen Lösungen als „alternativlos" hingestellt werden. Die New York Times zitiert ihn mit den Worten [36], die ganz im Sinn von Friedmans Schocktherapie sind: „Wir können die politische Union nur erreichen, wenn wir eine Krise haben."

Echte und künstliche Krisen

Am 13. Januar 1993 fand in Washington eine Konferenz ausgesuchter Wirtschaftsfachleute statt. Der Wirtschaftswissenschaftler John Williamson hatte die wichtigsten Vertreter der Chicagoer Schule eingeladen wie Jeffrey Sachs, die damaligen bzw. ehemaligen Finanzminister von Spanien, Polen und Brasilien, die Zentralbankchefs aus der Türkei und Peru und den Stabschef des Präsidenten von Mexiko [37]. In seinem Beitrag sagte Williamson: *„Man wird fragen müssen, ob es möglicherweise sinnvoll sein könnte, absichtlich eine Krise zu provozieren, um die politische Blockade der Reformen zu entfernen. Beispielsweise ist gelegentlich vermutet worden, es würde sich lohnen, in Brasilien eine Hyperinflation anzuheizen, um alle so einzuschüchtern, dass sie diese Veränderungen akzeptieren."* [38] Auch Michael Bruno, der Chefökonom für wirtschaftliche Entwicklung der Weltbank, äußerte 1995 auf der International Economic Association in Tunis vor 500 Ökonomen, dass *„eine genügend große Krise ansonsten zögerliche politische Entscheidungsträger so schockieren kann, dass sie Reformen einführen, welche die Produktivität erhöhen."* Wenn man eine schwere Wirtschaftskrise auslöse, führe die Entwicklung zu etwas Positiven, nämlich zu den nötigen Reformen [37].

Schon kurz nach der Rede von Williamson, nämlich im Februar 1993, wurde versucht, eine solche Krise in Kanada zu erzeugen. Zeitungen und ein Fernsehsender behaupteten, es drohe eine Schuldenkrise und es bestehe die Gefahr, dass das Land keine Kredite mehr bekomme [39]. In der Folge wurden die Ausgaben für das Sozialsystem drastisch gekürzt. Zwei Jahre später konnte jedoch die Journalistin Linda McQuaig einwandfrei nachweisen, dass die Nachrichten über die drohende Schuldenkrise von einigen Banken und Unternehmen verbreitet und finanziert wurden [40]. Dabei wurde sogar Druck auf die Ratingagentur Moody's ausgeübt, die Staatskredite Kanadas schlecht zu bewerten. Aber nicht nur Kanada erging es so. Nach den Aussagen von Davison Budhoo, einem früheren Mitarbeiters des Internationalen Währungsfonds, soll dieser Statistiken gefälscht haben, um Trinidad und Tobago in der Kreditwürdigkeit herabzustufen. Dadurch bekam das Land auf dem Finanzmarkt keine Kredite mehr und musste den IWF um Hilfe bitten, der dort, wie in anderen Krisenländern auch, alle Forderungen des „Washingtoner Konsenses" durchsetzte [37].

Ist der ESM alternativlos?

Zur Begründung des „Staatsstreichs", den der ESM, der Fiskalpakt und die Entscheidung der EZB darstellen, wird ihre „Alternativlosigkeit" angeführt. Gibt es wirklich keine andere Lösung für unsere Finanzkrise?

Weder der Euro-Rettungsschirm noch das Eingreifen der Europäischen Zentralbank können die Finanzprobleme der EU dauerhaft lösen: Die hohe Staatsverschuldung und die drohende Zahlungsunfähigkeit der Banken sind nämlich nur die Auswirkungen der Krise.

Wie wir gesehen haben, ist einer ihrer Gründe, dass die Wirtschaftsleistung der Krisenländer zu schwach ist, um für die Schuldzinsen aufzukommen und eine ausgeglichene Zahlungsbilanz zu erreichen. Das heißt, dass von dort immer mehr Kapital abfließt. Das kann auf Dauer kein noch so großer Rettungsschirm ausgleichen.

Nötig wären daher der Aufbau einer Wirtschaft, die mit den übrigen Euro-Ländern zusammenpasst, sowie ein Umdenken in den Regierungen und eine Reform des Bankenwesens [41], die z.B. die ausufernden Spekulationen, den Ankauf von faulen Papieren und die Liberalisierung der Regeln für Banken einschränkt. Außerdem kann eine Gemeinschaftswährung nur dann funktionieren, wenn die Wirtschafts- und Finanzpolitik aller Euroländer vereinheitlicht wird. Das würde aber zu den „Vereinigten Staaten von Europa" führen, im Gegensatz zu einem „Europa der Vaterländer". Wie bereits erwähnt, wird diese Entwicklung von einem Großteil der Bevölkerung nicht mitgetragen und vom Bundesverfassungsgericht abgelehnt [42]. Aus seinem Urteil vom 7. September 2011 geht klar hervor, dass das Haushaltsrecht zu den unveräußerbaren Rechten des Bundestags gehört [43]. Dazu Prof. Voßkuhle, der Präsident des Bundesverfassungsgerichts: *„Die gewählten Abgeordneten müssen deshalb ... die Kontrolle über grundlegende haushaltspolitische Entscheidungen behalten."* [44] Aber die Bundesregierung missachtet das höchste deutsche Gericht, nimmt dem Bundestag zentrale demokratische Rechte aus der Hand und übergibt sie einem Gremium von europäischen Bankfachleuten.

Die sehr unterschiedliche Wirtschaftsstruktur und Produktivität der Euro-Länder erfordert daher, dass es nicht verboten ist über den Austritt einiger Staaten aus der Eurozone nachzudenken. Der griechischen Bevölkerung ginge es heute wesentlich besser, wenn ihr Land 2008 die Eurozone verlassen hätte und es in der Folge zu einem Staatsbankrott gekommen wäre. Mit einem Bruchteil des Geldes, das wir heute für die „Rettung“ Griechenlands ausgeben, hätte man die schlimmsten Folgen für die Bevölkerung abmildern können. Natürlich hätten dabei die Kreditgeber ihr Geld verloren. Aber wäre das nicht angemessen, nachdem das Finanzinstitut Goldman Sachs durch eine Bilanzverschleierung Griechenland erst in diese Lage gebracht hat und nachdem die Finanzinstitute mit der Krise schon viel Geld verdient hatten? Aber der Staatsbankrott sollte auf jeden Fall verhindert werden. Als Ministerpräsident Papandreou eine Volksabstimmung darüber abhalten wollte, war in der EU die Empörung so groß, dass er zum Rücktritt gedrängt wurde und mit Loukas Papadimos gerade der Mann, der auf griechischer Seite für die Finanzverschleierung verantwortlich war, sein Nachfolger wurde.

Wenn schon die Krisenländer in der Eurozone verbleiben sollen, müsste ihre Wirtschaft gegenüber den übrigen Euro-Ländern wettbewerbsfähig gemacht werden. Dazu müssten in einigen Staaten Strukturreformen durchgeführt werden. Auf jeden Fall müsste aber ein „Marshall-Plan“ aufgelegt werden, der nicht einfach Geld verteilt, sondern gezielt Kapital für die Anpassung der Unternehmen bereitstellt. Das würde nur einen Bruchteil des jetzigen ESM kosten. Der bewirkt aber genau das Gegenteil, weil er wegen der erzwungenen Sparmaßnahmen zum Zusammenbruch ganzer Wirtschaftszweige führt. Ende Juni 2012 – viel zu spät – hat die EU zwar ein Wachstumspaket von 120 Milliarden Euro beschlossen. Weil aber die Beseitigung der Mängel in der staatlichen Verwaltung und die Verbesserung der Wettbewerbsfähigkeit nicht in Angriff genommen werden, wird es in den Krisenländern wohl kaum zu einer Steigerung der Produktivität führen. Deshalb ist es mehr als fraglich, ob es die nötige Wirkung haben wird.

Quellen und Anmerkungen

[1] W. Hankel: Die Euro Lüge und andere volkswirtschaftliche Märchen. 3. Auflage, Signum Verlag, Wien 2010

[2] In den 1960er Jahren lagen die Zinsen auf deutsche Staatsanleihen meist noch über 6%. Das wäre heute undenkbar.

Zur Zeit werden die meisten Staatsanleihen zwar zu einem festen Zinssatz ausgegeben. Aber die Laufzeit ist oft nur kurz, z.B. zwei Jahre oder weniger. Danach müssen die Anleihen zurückgezahlt werden. Um das zu ermöglichen, gibt der Staat neue Anleihen aus. Dabei wird der Zinssatz der Situation angepasst, d.h., er muss hoch genug sein, dass für die Anleihen Käufer gefunden werden.

[3] Siehe z.B. Der Spiegel 39/2010; im Internet (25.9.2010):

www.spiegel.de/politik/ausland/0,1518,719608,00.html oder

staseve.worldpress.com/2012/05/04/mitterand-forderte-d-mark-ende-abstimmen-nach-grundgesetz-artikel-146-absehbar/

[4] Siehe z.B. Spiegel Online oder Der Standard vom 14.2.2010 (gedruckte Ausgabe: 15.2.2012),

derStandard.at/1265852180136/
Schuldenverschleierung-Goldman-Sachs-half-Griechen-beim-Tricksen

Goldman Sachs nutzte zur Verschleierung der Bilanzen ein spezielles Finanzinstrument, das „Cross Currency Swap". Damit wurden Staatsanleihen als Devisenkäufe getarnt.

[5] Im Art. 125 Abs. 1 Satz 2 des „Vertrags über die Arbeitsweise der Europäischen Union" heißt es: *„Ein Mitgliedstaat haftet nicht für die Verbindlichkeiten der Zentralregierungen, der regionalen oder lokalen Gebietskörperschaften oder anderen öffentlich-rechtlichen Körperschaften, sonstiger Einrichtungen des öffentlichen Rechts oder öffentlicher Unternehmungen eines anderen Mitgliedstaats und tritt nicht für derartige Verbindlichkeiten ein."* Um trotzdem einen Euro-Rettungsschirm schaffen zu können, wurde Art. 136 durch einen Absatz 3 ergänzt, der einen Stabilitätsmechanismus und die entsprechenden Finanzhilfen ermöglicht.

[6] K. A. Schachtschneider: Die Rechtswidrigkeit der Euro-Rettungspolitik. Ein Staatsstreich der politischen Klasse. Kopp Verlag, Rottenburg 2011

[7] Der Betrag von 780 Milliarden Euro schließt den Anteil des IWF ein. Der „EFSF Rahmenvertrag" vom 7.6.2010 kann z.B. von www.staatsverschuldung.de/efsf.pdf herunter geladen werden. Der „Änderungsantrag", genauer: der „Entwurf eines Gesetzes zur Änderung des Gesetzes zur Übernahme von Gewährleistungen im Rahmen eines europäischen

Stabilisierungsmechanismus" erweitert die Kompetenzen des EFSF: Bundestagsdrucksache 17/6916 vom 5.9.2011.

www.staatsverschuldung.de/drucksache17-6916.pdf.

Der Text des EFSM (Verordnung (EU) Nr. 407/2010 des Rates vom 11. 5.2010 ist verfügbar unter eur-lex.europa.eu/LexUriServ/LexUriServ.do?uri=OJ:L:2010:118:0001:0001:DE:PDF

[8] Der „Vertrag zur Einrichtung des europäischen Stabilitätsmechanismus (ESM)" steht in der Fassung vom 25.5.2012 z.B. auf www.staatsverschuldung.de/esm.pdf

[9] Die Bundesrepublik hat am „genehmigten Stammkapital" des ESM von 700.000.000.000 Euro einen Anteil von 27,1464%. Das sind rund 190 Milliarden Euro. Wegen der Unfähigkeit von Irland (1,5922%), Griechenland (2,8167%), Spanien (11,9037%), Italien (17,9137%) und Portugal (2,5092%), hierfür Zahlungen zu leisten, muss Deutschland von deren Haftung 27,1464% übernehmen. Insgesamt haften wir nach dem ESM-Vertrag also für gut 447 Milliarden Euro. Diese Haftung wurde jedoch durch das Urteil des Bundesverfassungsgerichts [10] auf 190 Mrd. Euro begrenzt.

[10] BVerfG, 2BvR 1390/12 vom 12.9.2012. http://www.bverfg.de/entscheidungen/rs20120912_2bvr139012.html

[11] EZB will ohne Limit Staatsanleihen kaufen. Frankfurter Allgemeine Zeitung vom 6.9.2012, www.faz.net/aktuell/wirtschaft/europas-schuldenkrise/ratssitzung-ezb-will-ohne-limit-staatsanleihen-kaufen-11880988.html

[12] Deutsche Politiker wettern gegen EZB-Entscheidung. Spiegel-online vom 7.9.2012, www.spiegel.de/politik/deutschland/staatsanleihen-deutsche-politiker-wettern-gegen-ezb-entscheidung-a-854480.html

[13] Art. 123 Abs. 1, 125 Abs. 1, 127 Abs. 2 und 282 Abs. 2 des Vertrags über die Arbeitsweise der Union (AEUV). Noch deutlicher in Art. 2, 3 und 21.1 des Protokolls Nr. 4 zu den EU-Verträgen

[14] Siehe z.B. european-council.europa.eu/media/639244/04_-_tscg.de.12.pdf oder www.bund-europa-ausschuss.bremen.de/sixcms/media.php/13/TOP_2_Fiskalvertrag%2031%2001%202012%20clean%20endg%20%20Arbeits%FCbersetzung.pdf

[15] Überraschende Wende auf dem EU-Gipfel. Merkel gibt nach – Geld für marode Banken. Süddeutsche Zeitung vom 30.6./1.7.2012, S. 1

[16] Die Auslandsgeschäfte innerhalb der Eurozone laufen über die EZB. Sie bezahlt die deutschen Exporte in die Krisenländer mit Geldern, die durch eine Art Kredite an die Notenbanken in diesen Ländern gedeckt sind. Solche Kredite werden, wenn überhaupt, dann sicher nicht kurzfristig zurückgezahlt.

[17] http://www.goldseiten.de/content/kolumnen/autoren.php?uid=84 und

www.mmnews.de/index.php/wirtschaft/10191-target-2-explosion-jetzt-fast-700-milliarden

[18] zitiert nach: Herbert Kuhn: Turboökologie. Mit Intelligenz und Egoismus in die Zukunft. Pro BUSINESS GmbH, Berlin 2009, S. 70. Siehe auch S. 65 ff.

[19] Matthias Elbers: Das Euro-Desaster. Frankfurt am Main, Juni 2012,

http://www.matthiaselbers.de/docs/Das-Euro-Desaster.pdf

[20] Art. 6 und 7 des ESM-Vertrags

[21] Art. 9 Abs. 3 des ESM-Vertrags. Dort steht: *„Die ESM-Mitglieder verpflichten sich unwiderruflich und uneingeschränkt, Kapital, das der Geschäftsführende Direktor gemäß diesem Absatz von ihnen abruft, innerhalb von sieben Tagen ab Erhalt der Aufforderung einzuzahlen."*

[22] Die „Immunität" des ESM selbst steht in Art. 32 Abs. 3–6 ESM: In Abs. 8 wird festgelegt, dass beim ESM keinerlei Kontrollen durchgeführt werden dürfen. Die persönlichen Immunitäten werden durch Art. 35 garantiert.

[23] Das Urteil BVerfG, 2BvR 1390/12 des Bundesverfassungsgerichts vom 12.9.2012 hat jedoch festgelegt, dass der ESM-Vertrag nur unter dem Vorbehalt ratifiziert werden darf, dass der Bundesfinanzminister seine Erkenntnisse, die er als Gouverneursrat des ESM gewinnt, dem deutschen Bundestag mitteilen kann.

[24] Art. 29 des ESM.

[25] Derzeit (Sommer 2012) rund 82% des Bruttosozialprodukts BIP

[26] Art. 4 und 5 des Fiskalpakts (siehe [14]) erlauben es dem Rat, auf Vorschlag der EU-Kommission ein Defizitverfahren gegen Länder einzuleiten, deren Staatsverschuldung mehr als 60% des BIP beträgt. Neu ist die in diesen Artikeln festgelegte Macht der EU-Kommission und des Rats, Einfluss auf den Haushalt und die Wirtschaftspolitik des Landes zu nehmen, das dem Defizitverfahren unterworfen wird.

[27] Art. 22, 23 und 25 der Allgemeinen Erklärung der Menschenrechte und Art. 6, 7, 9 und 11 des UNO-Sozialpakts (ICESCR)

[28] John Williamson: In search of a manual for technopols. In: John Williamson (Hrsg.): The political economy of policy reform. Institute for International Economics, Washington DC, 1994, S. 27. Siehe auch unten: Naomi Klein: Die Schock-Strategie, S. 229

[29] siehe z.B. Milton Friedman: Kapitalismus und Freiheit. Eichborn, Frankfurt am Main 2002

[30] Naomi Klein (2012): Die Schock-Strategie. Der Aufstieg des Katastrophen-Kapitalismus. Fischer Taschenbuch Verlag, Frankfurt/Main, 4. Auflage. Zu den „Tigerstaaten" insbes. S. 373 ff. und 381

[31] Wenn z.B in einer Stadt das Stromnetz oder die Wasserversorgung verkauft werden, schließt man meist Verträge, durch die für einige Jahre der Preis und die Qualität festgelegt werden. In dieser Zeit arbeiten die Käufer mit wenig Gewinn, eventuell sogar mit Verlust. Das können nur große, kapitalkräftige Unternehmen durchstehen. Nach dieser Zeit können dann die Preise angehoben werden.

[32] Milton Friedman: The promise of vouchers. Wall Street Journal vom 5.12.2005. Hier beschreibt Friedman die Zerstörungen und den Schock durch den Wirbelsturm Katrina als großartige Chance, beim Neuaufbau das Bildungswesen zu privatisieren.

[33] Ein Beispiel von vielen: Spiegel online vom 12.9.2012 [9.44 Uhr]: Troika fordert von Athen weitere harte Maßnahmen.

www.spiegel.de/politik/deutschlan/liveticker-boersen-reagieren-erleichtert-auf-euro-urteil-a-855317.htm

[34] Frankfurter Allgemeine Zeitung vom 6.9.2012: Italien hat die EZB-Vorgaben ignoriert.

www.faz.net/aktuell/wirtschaft/wirtschaftspolitik/kauf-von-staatsanleihen-italien-hat-die-ezb-vorgaben-ignoriert-11881685.html

[35] www.youtube.com/watch?v=iKd4lpNR3os Vgl. Kapitel 1, Abschnitt „Wie kann die Zukunft aussehen?"

[36] Die New York Times vom 19.11.2011 zitiert Schäuble mit den Worten: „We can only achieve a political union if we have a crisis." Das ganze Interview steht auf

http://www.nytimes.com/2011/11/19/world/europe/for-wolfgang-schauble-seeing-opportunity-in-europes-crisis.html

[37] Naomi Klein: a.a.O., S. 352 ff. Dort findet man eine ausführlichere Darstellung der Konferenz und der künstlich erzeugten Krisen in Kanada und in Trinidad.

[38] John Williamson (1994): The Political Economy of Policy Reform. Institute for International Economics, Washington DC, S. 20. Übersetzung aus Naomi Klein, S. 355

[39] Bruce Little: Dept Crisis Looms, Study Warns in: Globe and Mail (Toronto) vom 16.2.1993 und Bericht in W5 von Eric Malling des Fernsehsenders CTV

[40] Linda McQuaig (1995): Shooting the Hippo: Death by Deficit and Other Canadian Myths. Penguin, Toronto

[41] Herbert Kuhn: a.a.O. S. 37, 65 ff. und 87 ff.

[42] Maastrichturteil des Bundesverfassungsgerichts (BVerfGE 89, 155, AZ 2 BvR 2134) und das Lissabon-Urteil (BVerfGE 123, 267, AZ 2BvE 2/8), siehe auch Anmerkung 24 zum zweiten Kapitel

[43] BVerfG vom 7.9.2011, 2 BvR 987.

[44] Andreas Vosskuhle am 6.2.2012 beim Politischen Forum Ruhr im Konzerthaus Dortmund: www.bpb.de/apuz/126012/ueber-die-demokratie-in-europa?p=all

5. Die Macht der internationalen Finanzindustrie

„Früher wurden Kriege geführt, um Staaten zu erobern. Heute stürzt man sie in Schulden, um sie zu beherrschen." So wird oft argumentiert. Aber das stimmt nicht ganz. Denn früher wollten die mächtigen Staaten über die schwächeren herrschen. Heute beherrschen einige wenige Finanzimperien große und kleine Staaten. Dabei soll nicht abgestritten werden, dass diese Gruppen manchmal von einem aggressiven Nationalismus geprägt sind.

Ein Beispiel für die letzte Aussage wurde bereits im vorausgehenden Kapitel erwähnt: Als der Dollar wegen Spekulationen und wegen der enormen US-amerikanischen Schulden in ernste Gefahr geriet, drohte der Euro ihn in seiner Rolle als internationales Zahlungsmittel abzulösen. Erst als auch der Euro ins Trudeln kam, war diese Gefahr für den Dollar gebannt. Und die Schwierigkeiten des Euro begannen mit der drohenden Zahlungsunfähigkeit von Griechenland. Es lohnt sich, diesen Zusammenhang genauer zu betrachten:

Hier spielt die US-amerikanische Finanzgruppe Goldman Sachs eine zentrale Rolle. Mit einem Vermögen von 700 Milliarden Euro [1] tätigt sie nicht nur Geschäfte unvorstellbaren Ausmaßes, sondern platziert auch ganz offen ihre Leute an die Schaltstellen der Politik [2] – [4]. Sie war es, die wesentlich zur Eurokrise beigetragen hat, indem sie bei der Einführung des Euro die Schulden Griechenlands durch Tricks verschleiert hat [5]. So ist das Land heute Mitglied der Eurozone, obwohl es die Euro-Kriterien nie erfüllt hat. Es ist deshalb kein Zufall, dass ausgerechnet Loukas Papadimos als Finanzfachmann und „Retter aus der Not" im November 2011 zum griechischen Ministerpräsidenten berufen wurde. Er war von 1994 bis 2002 Chef der Griechischen Zentralbank und damit für die Verschleierung des griechischen Haushaltsdefizits durch Goldman Sachs zumindest mitverantwortlich. Als Ministerpräsident hat er seinem Land einen brutalen Sparkurs verordnet, um die angehobenen Zinsen für die Staatsschulden aufzubringen und damit die Banken zu bedienen. Und Mario Monti, der am 14. November 2011 Italiens Regierungschef wurde, war „Internationaler Berater" von Goldman Sachs. Weder Papadimos noch Monti hatten sich zuvor als Spitzenkandidaten einer Partei allgemeinen Wahlen gestellt. So wundert es schon nicht mehr, dass auch Mario Draghi, seit dem 1. November 2011 Chef der Europäischen Zentralbank (EZB), ebenfalls eine hohe Position bei Goldman Sachs innehatte. Von 2002 bis 2005 war er Vizepräsident dieser Firma in London. Seine Abteilung war es, die Jahre zuvor Griechenland half, bei der Einführung des Euro die Staatsschulden zu verschleiern [6]. Unter Draghis Leitung hat die EZB angekündigt, entgegen ihren Statuten faule Kredite gefährdeter Eurostaaten in unbegrenzter Menge aufzukaufen. Die Gelder, die die EZB dafür zahlt, gehen direkt an Goldman Sachs und die anderen Banken, die sie vorher erworben haben. Das zeigt, wie stark Goldman Sachs in die Euro-Krise verwickelt ist und wie dabei Verträge und elementare demokratische Regeln missachtet werden.

Hier ist auch Petros Christodoulou zu nennen, gegen den die US-amerikanische Notenbank eine Untersuchung anstrengt, weil er als früherer Mitarbeiter von Goldman Sachs 2009 zusammen mit dieser Firma die Zweckgesellschaft Titlos gegründet hat, um Schulden der griechischen Regierung auf die griechische Zentralbank zu übertragen [7].

Im letzten Kapitel wurde bereits kurz die dramatische Sitzung des Europarats in der Nacht vom 28. auf den 29. Juni 2012 erwähnt. Dabei setzte der italienische Ministerpräsident und Goldman-Sachs-Mann Mario Monti gegen den ausdrücklichen Willen von Angela Merkel durch, dass in Zukunft die Bedingungen für die Hilfen aus dem Euro-Rettungsschirm gelockert werden [8]. Marode Banken sollen direkt vom Rettungsschirm ESM Geld bekommen können. Das bedeutet, dass dann die betreffenden Staaten nicht mehr für die Rückzahlung an den ESM bürgen müssen. Populistisch ausgedrückt: Die Banker, die sich verzockt haben, können sich notfalls direkt bei den europäischen Steuerzahlern bedienen – zunächst können sie auf die Bürgschaften des ESM zurückgreifen, gegebenenfalls aber auch auf das Bargeld. Damit die Banken wenigstens einige Grundregeln einhalten, wurde eine europäische Bankenaufsicht geschaffen. Es ist fast schon selbstverständlich, dass damit die Europäische Zentralbank beauftragt wurde, mit dem Goldman-Sachs-Mann Draghi an der Spitze.

In Deutschland spielt Otmar Issing eine wichtige Rolle. Er saß im Direktorium der Deutschen Bundesbank, danach im Direktorium der EZB. Seit 2008 berät er die Bundesregierung – neben seiner Tätigkeit als gut bezahlter internationaler Berater von Goldman Sachs [2]. Weitere bekannte Mitarbeiter dieser Firma waren Antonio Borges, der Europadirektor des Internationalen Währungsfonds IWF, Karel van Miert, der belgische EU-Kommissar für Wettbewerb, und der Ire Peter Sutherland, einst Präsident von Goldman Sachs International, danach EU-Kommissar und einer der Architekten des irischen Rettungsschirms [2].

Auch die Bundeskanzlerin holte sich gern Rat bei Goldman Sachs. Alexander Dibelius, der damalige Deutschland-Chef der Firma, war favorisierter Gesprächspartner von Angela Merkel [9].

Wichtiger als Europa sind für Goldman Sachs natürlich die USA, speziell das Finanzministerium und die Federal Reserve Bank. Das prominenteste Beispiel dafür ist Henry M. Paulson, besser bekannt als „Hank". Er begann seine Karriere als stellvertretender US-Verteidigungsminister. Ab 1974 arbeitete er bei Goldman Sachs. 1999 wurde er Chef des Bankhauses mit einem Jahresverdienst von etwa 35 Millionen Dollar; insgesamt wird sein Vermögen auf etwa 700 Millionen Dollar geschätzt [2]. Als er 2006 Finanzminister wurde, rettete er die US-Finanz-„Industrie" mit 700 Milliarden Dollar aus öffentlichen Geldern [10]. Das war 2008. Aber schon 2009 und 2010 konnten Morgan Stanley und Goldman Sachs ihren Managern wieder Erfolgsprämien im Milliardenbereich zahlen.

Ein weiterer „Goldmann" ist Robert Rubin, der als Finanzminister unter Bill Clinton die „Märkte" von einschränkenden Regeln befreite. Diese Deregulierung war eine der Voraussetzungen für die Finanzkrise 2008. Hier muss auch Jon Corzine erwähnt werden. Er war bis 1999 Geschäftsführer bei Goldman Sachs. Später wurde er Senator und Gouverneur von New Jersey [2]. Schließlich sei noch Robert Zoellick genannt, der zuerst Goldman-Sachs-Berater, dann leitender Angestellter dieser Firma war. Später, von 2001 bis 2005, war er United States Trade Representative, dann 2005–2006 Deputy Secretary of State. 2007 wurde er Präsident der Weltbank [11].

Dabei geht es nicht nur um Macht, sondern auch um sehr gute Geschäfte: Goldman Sachs hat seine Leute nicht nur an den Schaltstellen der Politik; es berät auch viele europäische Regierungen. So hat es Anfang November 2011 Gespräche mit dem spanischen Wirtschaftsminister Jose Manuel Campa in London gegeben.

Dabei hatte Goldman Sachs Vorschläge für weitere Sparmaßnahmen in Spanien unterbreitet. Mit solchem Insider-Wissen rät die Firma ihren Kunden, gegen den Euro zu spekulieren und Finanz-Produkte zu kaufen, die aus dem schwachen Euro hohe Gewinne erzielen [12]. In den USA werden solche Praktiken schwer bestraft.

Es soll hier aber nicht der Eindruck erweckt werden, nur Goldman Sachs bedrohe unsere Freiheit und Selbständigkeit. Außer den führenden Finanzinstituten wie JP Morgan Chase, der Citygroup, Morgan Stanley und einigen anderen sind das vor allem die Weltbank und der IWF. Besonders die beiden Letztgenannten haben Kredite an Staaten vergeben und dann, um die Rückzahlungen abzusichern, mit rigiden Eingriffen in die Volkswirtschaften zur Verelendung der Bevölkerung beigetragen. Natürlich muss die Frage gestellt werden, wer hinter diesen Firmen bzw. Institutionen steht. Das sind nicht nur die Kleinaktionäre.

Zum Schluss sei John Perkins zitiert [13], ein Insider aus der Hochfinanz, der über seine Tätigkeit bei Regierungsvertretern in Südamerika und Asien nicht länger schweigen wollte:

„Wie unsere Pendants in der Mafia bieten wir einen Dienst oder eine Gefälligkeit an, das kann z.B. ein Kredit zur Entwicklung der Infrastruktur sein, Stromkraftwerke, Schnellstraßen, Häfen, Flughäfen oder Gewerbeparks. An die Kredite ist die Bedingung geknüpft, dass die Ingenieurfirmen und Bauunternehmer aus unserem Land (USA) all diese Projekte bauen. Im Prinzip verlässt ein Großteil des Geldes nie die USA. Es wird einfach von Banken in Washington an die Ingenieurbüros in New York, Houston oder San Francisco überwiesen. Obwohl das Geld fast umgehend an Unternehmen zurückfließt, die zur Korporatokratie (= Hochfinanz) gehören, muss das Empfängerland alles zurückzahlen. Die Schuldsumme plus Zinsen. Wenn wir richtig erfolgreich sind, dann sind die Kredite so hoch, dass der Schuldner nach einigen Jahren seinen

Zahlungsverpflichtungen nicht mehr nachkommen kann, dann verlangen wir, wie die Mafia, unseren Anteil. Dazu gehört vor allem die Kontrolle über Stimmen in der UNO, die Errichtung von Militärstützpunkten oder der Zugang zu wichtigen Ressourcen wie Öl oder die Kontrolle über den Panamakanal. Natürlich erlassen wir dem Schuldner dafür nicht die Schulden – und haben uns so wieder ein Land dauerhaft unterworfen."

Sicher ist es nicht so einfach, ganze Staaten durch Schuldknechtschaft zu unterwerfen. Es gibt aber genügend Beispiele, wo dies gelungen ist, früher vor allem in Asien, in Mittel- und Südamerika [13], und heute – leider – auch in Europa.

Dabei kommt es nicht darauf an, alles in einem Staat zu beherrschen. Wichtig sind hier – wie früher in der Kolonialherrschaft – vor allem die Wirtschafts- und Finanzpolitik sowie die Außenpolitik; dazu kommen heute noch die Medien. Letzteres ist mit der heutigen Medienstruktur schon fast von selbst erfüllt, wenn es sich um ein westliches Land handelt. Denn alle großen Medien und Presseagenturen sind in der Hand einiger weniger Konzerne [14]. Wie gut sie zusammenarbeiten, sieht man z.B. am Krieg in Jugoslawien [15], der u.a. durch gefälschte Fotos über angebliche Gräueltaten geschürt wurde, oder beim Bürgerkrieg in Syrien. In der ersten Zeit berichteten die Medien überhaupt nicht über die Waffenlieferungen an die Aufständischen aus dem Westen und über ihre Unterstützung durch westliche Militärberater. Für die Massaker an der Bevölkerung wurden automatisch nur die Regierungstruppen verantwortlich gemacht. Eine derart einseitige und manchmal sogar falsche Berichterstattung verfehlt ihre Wirkung auf die Bevölkerung nicht.

Quellen und Anmerkungen

[1] Goldman-Sachs: Eine Bank lenkt die Welt. Sendung am 4.9.2012 um 20:15 Uhr bei Arte: http://www.arte.tv/de/goldman-sachs-eine-bank-lenkt-die-welt/6891612.html

[2] Ayke Süthoff: Wie Goldman Sachs die Welt regiert. News.de vom 29.12.2011:
www.news.de/politik/855253251/finanzkrise-papademos-euro-desaster-wie-goldman-sachs-die-welt-regiert/1/

[3] Jens Bisky: Die Goldmänner sind überall. Süddeutsche Zeitung online vom 18.4.2012
www.sueddeutsche.de/wirtschaft/soziologie-wolfgang-streeck-ueber-goldman-sachs-die-goldmaenner-sind-ueberall-1.1335228

[4] Ex-Mitarbeiter haben Top-Jobs in Politik und Wirtschaft: Eliteschmiede Goldman Sachs. Süddeutsche Zeitung online vom 16.3.2012
www.sueddeutsche.de/wirtschaft/ex-mitarbeiter-haben-top-jobs-in-politik-und-wirtschaft-eliteschmiede-goldman-sachs-1.1311185

[5] Der Standard vom 14.2.2010: Goldman Sachs half Griechen beim Tricksen. derStandard.at/1265852180136/Schuldenverschleierung-Goldman-Sachs-half-Griechen-beim-Tricksen

[6] de.wikipedia.org/wiki/Loukas_Papadimos

[7] http://presseurop.eu/de/content/article/202631-goldman-heuert-mehr-macht-durch-macht
Siehe auch
de.wikipedia.org/wiki/Petros_Christodoulou

[8] Überraschende Wende auf dem EU-Gipfel. Merkel gibt nach – Geld für marode Banken. Süddeutsche Zeitung vom 30.6./1.7.2012, S. 1

[9] Klage gegen US-Bank: Goldman Sachs fällt in Ungnade. Süddeutsche Zeitung online vom 20.4.2010
www.sueddeutsche.de/geld/klage-gegen-us-bank-goldman-sachs-faellt-in-ungnade-1.937923

[10] „Hank“ bittet auf Knien um Unterstützung. Tagesanzeiger, aktualisiert am 26.9.2008 www.tagesanzeiger.ch/wirtschaft/unternehmen-und-konjunktur/Hank-bittet-auf-Knien-um-Unterstuetzung/story/19065958

[11] lobbypedia.de/index.php/Goldman_Sachs Dort findet man auch Angaben zu anderen wichtigen Mitarbeitern von Goldman Sachs.

[12] Kommentar: Goldman Sachs empfiehlt Wetten gegen Europa. Deutsche Mittelstandsnachrichten vom 4.9.2011, aktualisiert am 15.11.2011
www.deutsche-mittelstands-nachrichten.de/2011/09/24129

[13] John Perkins: Bekenntnisse eines Economic Hitman. Goldmann, München 2007, S. 22/23

[14] Die großen US-amerikanischen Medien sind nicht unabhängig, sondern in der Hand großer Industriekonzerne (John Perkins a.a.O., S. 361), die sicher nicht frei von Eigeninteressen handeln: Der Fernsehsender NBC gehört General Electric, ABC zu Disney, CBS zu Viacom und CNN zu AOL/Time-Warner. Dadurch, dass auch große deutsche Medien die Zahl ihrer Korrespondenten aus finanziellen Gründen immer weiter einschränken müssen, gibt es kaum noch eine unabhängige Berichterstattung. Sie beziehen ihre Informationen immer mehr von den wenigen großen Presseagenturen. Dabei fällt auf, dass in den deutschen Medien viele Entscheidungsträger Mitglieder der „Atlantik-Brücke" sind, siehe z.B.
de.wikipedia.org/wiki/Liste_von_Mitgliedern_der_Atlantik-Brücke#Fr.C3.BChere_Mitglieder_.28Auswahl.29

[15] Jörg Becker und Mira Beham: Operation Balkan: Werbung für Krieg und Tod. Nomos, Baden-Baden, 2. Auflage 2008

6. Überwachung und Eurogendfor

Der ungezügelte Kapitalismus nach dem Muster der Chicagoer Schule wurde in vielen Ländern eingeführt. Dadurch entstanden oft Unruhen in der Bevölkerung, vor allem in Südamerika und in Indonesien. In neuerer Zeit hat der Sozialabbau in Griechenland und Spanien zu gewalttätigen Ausschreitungen geführt. Diese Entwicklung wurde schon vor vielen Jahren vorhergesehen, als es noch keine Eurokrise gab, aber die wesentlichen Forderungen des Washingtoner Konsenses in den EU-Verträgen bereits festgeschrieben waren. Man konnte oder wollte offenbar die Ursachen für den Sozialabbau nicht abschaffen. Stattdessen versucht man durch eine immer vollständigere Überwachung der Bevölkerung, durch die brutal reagierende Truppe CRS in Frankreich und durch die internationale paramilitärische Polizeitruppe Eurogendfor mögliche Unruhen zu verhindern bzw. im Keim zu ersticken.

Informationstechnik

Die Entwicklung der Informationstechnik hat für die Überwachung Möglichkeiten geschaffen, von denen frühere Geheimdienste nicht einmal träumen konnten. Selbst Orwell hatte in seinem berühmten Roman „1984“ nicht genügend Phantasie, das vorherzusehen. Die Zeiten, zu denen Geheimdienste wie die STASI die Daten Verdächtiger auf Karteikarten festhielten, die per Hand sortiert und ausgewertet wurden, sind ebenso vorbei wie die Keller voller Tonbänder, auf denen vom CIA abgehörte Gespräche verzeichnet waren, für deren Auswertung nicht genügend Personal zur Verfügung stand.

Die heute vorhandenen Datenspeicher und die inzwischen allgemein üblichen elektronischen Auswertemethoden (z.B. durch Suche nach Schlüsselwörtern) erlauben es, die Informationen verdachtsunabhängig von allen Bürgern zu sammeln.

Methoden der Überwachung

In diesem Abschnitt werden nur einige der Daten beschrieben, die gesammelt werden und den Ermittlungsbehörden und Geheimdiensten zur Verfügung stehen.

Die ersten Angaben über jeden Bürger, die gespeichert werden, betreffen die medizinischen Aufzeichnungen über die Geburt, die über die Gesundheitskarte der Mutter in einer zentralen Datei der Krankenkassen erfasst sind. Dort werden im Lauf des späteren Lebens natürlich auch alle Krankheiten und die verschriebenen Medikamente gespeichert, einschließlich der Angaben, wann welche Verhütungsmittel gekauft wurden. Als Nächstes folgt die landesweite Schülerdatei, die alle Noten und Disziplinarstrafen enthält. Sie ist in einigen Bundesländern Pflicht.

Der Aufenthaltsort eines jeden, der ein Handy mit sich führt, kann lückenlos erfasst werden [1]. Nach den Vorschriften der EU sollen diese Daten sowie alle gewählten Telefonnummern und Gesprächszeiten mindestens ein halbes Jahr gespeichert werden. Auch alle E-Mail- und Internetverbindungen sollen festgehalten werden. Zwar hat das Bundesverfassungsgericht diese verdachtsunabhängige „Vorratsdatenspeicherung" untersagt; aber einige Telefonfirmen zeichnen diese Daten trotzdem auf [2].

Ohne richterliche Anordnung dürfen die Gespräche selbst nicht abgehört und gespeichert werden. Aber schon aus den angewählten und empfangenen Telefonnummern lassen sich wichtige Rückschlüsse ziehen. Dabei ist es möglich, selbst ausgeschaltete Handys ferngesteuert zu veranlassen, sich in der zuständigen Funkzelle anzumelden und dabei ihren Standort anzugeben, ohne dass die Benutzer das feststellen können. Von dieser Maßnahme wird in Deutschland offenbar häufig Gebrauch gemacht [3], [4]. Es existieren sogar Programme, die nicht nur die Position ausgeschalteter Handys registrieren, sondern Handys – egal ob an- oder ausgeschaltet – als Wanze benutzen, d.h. alle Gespräche in der Umgebung aufnehmen und weiterfunken [4].

Heute kann der gesamte E-Mail-Verkehr erfasst und gespeichert werden. Im Zeitalter der elektronischen Kommunikation bleibt keine private Nachricht mehr wirklich privat. Auch die Internetverbindungen können aufgezeichnet werden; die Google-Abfragen werden ohnehin von dieser Firma gespeichert, ausgewertet und weitergegeben. In Deutschland und in einigen anderen Staaten wird der sog. „Bundestrojaner" eingesetzt, der in der Lage ist, alle im Rechner gespeicherten Daten auszuspionieren. Er wird jedoch nicht grundsätzlich bei allen Computern eingesetzt, sondern nur gezielt bei Verdachtsfällen. Dabei dürfen persönliche Daten nicht kopiert werden; sie können auch vor Gericht nicht verwendet werden. Kontrollieren lässt sich dieses Verbot allerdings nicht.

Soziale Netzwerke sammeln alles, was ihre Nutzer ihnen an persönlichen Daten und Erlebnissen anvertrauen, und geben diese Informationen weiter, ebenso, wie es Google tut. Unser Kaufverhalten wird über Kundenkarten, EC-Karten bzw. Kreditkarten erfasst. Verwendet man sie beim Zahlen, kann die Kasse des Geschäfts die erworbenen Gegenstände direkt mit dem Namen des Kunden verbinden. Da die Nutzung von Bargeld in Zukunft stark eingeschränkt werden soll, werden dann nicht nur alle Einkäufe, sondern auch Dienstleistungen aller Art registriert.

Auf eine richterliche Anordnung hin kann auch die zentrale Steuerdatei abgefragt werden.

Bei der Jagd auf Verbrecher werden oft Gentests verlangt. Wer sich dazu nicht bereit erklärt, ist von vornherein verdächtig oder wird zumindest als nicht kooperativ eingestuft. Gentests wären kein Problem, wenn sie nach der Verurteilung des Schuldigen wieder gelöscht würden. Manchmal hat man aber den Eindruck, die Polizei habe eine richtige Gen-Daten-Sammelwut. Wer diese Daten hat, weiß mehr über die betreffende Person als sie selbst. Es wäre dringend nötig, ein Gesetz zu erlassen, das die Speicherung derart sensibler Daten auf das unbedingt nötige Maß einschränkt.

Besonders problematisch sind auch die „intelligenten Stromzähler" oder „Smart Meters", die nach einer EU-Verordnung in allen Neubauten eingesetzt werden müssen. Sie senden laufend Daten über den augenblicklichen Verbrauch an den Stromversorger. Damit lässt sich nicht nur ermitteln, wer wann wie viel Strom verbraucht, sondern mit einer kleinen Zusatzeinrichtung auch noch, welche Geräte benutzt werden [5]. Zwar wurde in Deutschland gesetzlich geregelt, dass der Elektrizitätsversorger die Daten, die bei ihm eintreffen, nur sehr eingeschränkt erfassen darf. In den meisten Fällen werden die Daten aber per Funk übermittelt und sind damit für jeden abrufbar, der den Code für die Verschlüsselung kennt.

Diese Informationen reichen den Behörden noch nicht. Zum gläsernen und damit manipulierbaren Menschen gehört auch, dass die biometrischen Daten jedes Bundesbürgers von den Behörden erfasst und im Ausweis gespeichert werden. Das sind Angaben über bestimmte Maße des Gesichts, die für jede Person charakteristisch sind. Sie machen es möglich, mit guten Überwachungskameras alle gesichteten Personen zu identifizieren. In Verbindung mit der Vorratsdatenspeicherung kann man so den Aufenthaltsort aller Bürger fast lückenlos erfassen.

In den Pässen und Personalausweisen werden die Daten auf einem sog. RFID (radio-frequency identification device) gespeichert. Man findet sie nicht nur in den Ausweisen; sie werden heute auch oft zusätzlich zum Strichcode auf Produkten angebracht, um die Bezahlung an den Kassen der Kaufhäuser zu beschleunigen. Damit muss der Pass bzw. das Produkt zur Erfassung der darin enthaltenen Daten nicht mehr auf ein Lesegerät gelegt werden. Es genügt, die Gegenstände näher als einen Meter an ein entsprechendes Gerät zu bringen, das dann die Daten mithilfe des RFID ausliest. Das Problem dabei ist, dass Unbefugte, die die entsprechenden Apparate und Codes besitzen, alle im Ausweis gespeicherten Daten bekommen können, ohne dass der Passinhaber das merkt. Damit können auch private Gruppen Menschen in den Straßen und auf Fotos identifizieren [6].

Solange die gesammelten Angaben über die Bürger in getrennten Datensätzen gespeichert werden, sind sie nur von beschränktem Nutzen. Der Datenschutz wird erst durch die Kombination dieser Angaben vollständig außer Kraft gesetzt. Daran haben nicht nur die Geheimdienste Interesse; auch für die kommerzielle Nutzung zur gezielten Werbung und zur Beeinflussung des Kaufverhaltens werden hohe Summen bezahlt. Man braucht nur die Spam-E-Mails anzusehen. Sie bieten sehr oft ganz gezielt Produkte oder Dienste an, die auf die Bedürfnisse des Adressaten ausgerichtet sind.

Die Zusammenführung von Datenbeständen erlaubt es sogar abzuschätzen, wie sich Personen vermutlich in Zukunft verhalten werden. Dazu hat die EU das Projekt INDECT aufgelegt, an dem auch mehrere deutsche Forschungsinstitute beteiligt sind. EU-Gelder werden eingesetzt, um mit einer automatischen Auswertung von Überwachungskameras, des Internets und anderer Daten auffällige Verhaltensweisen zu ermitteln, damit Straftaten oder regierungsfeindliche Aktivitäten schon vor ihrer Ausführung erkannt und wenn möglich verhindert werden [7]. Ist dies nicht die perfekte Form des Überwachungsstaats?

Wie oben berichtet, werden geschützte sensible Daten nicht nur auf richterliche Anweisung hin gelesen. Viele Gruppen und Dienste haben sich die technische Möglichkeit verschafft, sie illegal abzugreifen und weiterzugeben. Manchmal haben sogar die Kommunen die Daten ihrer Melderegister verkauft [8].

Viele Menschen haben kein Problem damit, dass ihr Leben lückenlos registriert wird und sogar ihre Reaktionen auf künftige Ereignisse vorhergesagt werden können. Ihre Antwort auf die immer vollständigere Überwachung ist: „Ich habe nichts zu verbergen." Auf Facebook geben sie sogar intimste Details über sich preis. Das ist aber nur eine Minderheit; die große Mehrheit denkt anders. Gibt es noch ein Recht auf Privatsphäre? Muss es nicht möglich sein, im Rahmen der Gesetze auch Dinge zu tun, die der Regierung nicht gefallen? Unsere Verfassung sieht ein Recht auf Demonstrationen und in bestimmten Fällen sogar auf Widerstand gegen staatliche Anordnungen vor.

Eurogendfor

Mit einer gründlichen Überwachung lässt sich also schon im Voraus ermitteln, wo ein Aufruhr entstehen könnte. Auch für dessen Bekämpfung ist vorgesorgt. Dazu haben die Länder Frankreich, Italien, Spanien, Portugal, Niederlande und Rumänien die paramilitärische Polizeitruppe Eurogendfor gegründet. Polen und Litauen sind Partner dieses Vertrags; die Türkei hat den Status eines Beobachters [9].

Eurogendfor besteht aus einer etwa 800 bis 900 Personen starken Kerntruppe mit Sitz in Vicenza (Italien). Bei Bedarf wird sie mit den entsprechenden Truppen der Mitgliedsländer verstärkt [10]. Ihre Aufgaben umfassen die einer Polizei mit militärischer Ausrüstung, einer Kriminalpolizei und eines Geheimdienstes [11]. Deutschland hat sich an Eurogendfor nicht beteiligt. Möglicherweise würden bei einem Aufruhr die Notstandsgesetze zur Geltung kommen und Militär gegen die eigene Bevölkerung eingesetzt werden.

Nach dem Vertrag von Velsen darf Eurogendfor nur in Ländern tätig werden, die um den Einsatz gebeten haben. Die EU-Verträge sehen aber vor, dass in bestimmten Fällen die Armeen anderer EU-Länder in einem Land eingreifen können, auch wenn sie von dessen Regierung nicht zur Hilfe gerufen werden. Im Vertrag über die Arbeitsweise der Union steht die sog. „Solidaritätsklausel" [12]:

„Die Union mobilisiert alle ihr zur Verfügung stehenden Mittel, einschließlich der ihr von den Mitgliedstaaten bereitgestellten militärischen Mittel, um

a) – *terroristische Bedrohungen im Hoheitsgebiet von Mitgliedstaaten abzuwenden;*
   – *die demokratischen Institutionen und die Zivilbevölkerung vor etwaigen Terroranschlägen zu schützen;*
   – *im Falle eines Terroranschlags einen Mitgliedstaat auf Ersuchen seiner politischen Organe innerhalb seines Hoheitsgebiets zu unterstützen …"*

Man beachte, dass im Fall einer terroristischen Bedrohung oder zum Schutz von Personen und demokratischen Institutionen die EU-Truppen auch gegen den Willen des betroffenen Staats eingesetzt werden können. Wer bestimmt, wann eine „terroristische Bedrohung" vorliegt? Ist dieser Artikel nicht ein Freibrief, z.B. bei sehr großen Massendemonstrationen einzugreifen, sobald einige

Provokateure gewalttätig werden? Auch eine Gefahr für Personen lässt sich leicht konstruieren.

Eine Antwort auf diese Fragen kann noch nicht gegeben werden, weil die Einzelheiten zu den Militär- und Polizeieinsätzen nach der Solidaritätsklausel erst noch beschlossen werden müssen [13]. Dieser Beschluss wird im EU-Ministerrat gefasst; das EU-Parlament hat hier nichts zu sagen. Das hat einige Bundestagsabgeordnete schon 2008 zu einer Kleinen Anfrage veranlasst. Die Antwort der Bundesregierung dazu [14] ist höchst beunruhigend. Auf die Frage, ob ausländische Streitkräfte auch gegen den Willen des betreffenden Landes eingesetzt werden können, antwortet die Bundesregierung: *„Der Einsatz militärischer Mittel ohne oder gegen den Willen eines Mitgliedstaates kommt nicht in Betracht. Im Übrigen wird auf die Vorbemerkung der Bundesregierung und die Antwort zu Frage 2 verwiesen."* Das heißt: Der Einmarsch ausländischer Truppen nach diesem Vertrag kommt für die Bundesregierung zwar im Augenblick nicht in Betracht. Man weiß aber nicht, wie der Beschluss des Ministerrats ausfallen wird, der diese Frage letztlich regeln wird. Das drückt der Verweis auf Frage 2 aus [15].

Ist das alles nur Spekulation? Die Frage ist letztlich, wie der Ministerrat über Einsätze der ausländischen Polizei- und Streitkräfte entscheidet. Die Möglichkeit dieses Horrorszenarios ist aber in den EU-Verträgen vorgesehen.

Quellen und Anmerkungen

[1] Für die reguläre Verwendung dieser Daten siehe § 20 k und l des „Gesetzes zur Abwehr von Gefahren des internationalen Terrorismus durch das Bundeskriminalamt" (BKA-Gesetz)

[2] Wie Ihr Handy Sie überwacht. Welt online, Welt am Sonntag vom 1.7.2012,

www.welt.de/print/wams/finanzen/article107613654/Wie-Ihr-Handy-Sie-ueberwacht.html

Mobilfunkanbieter speichern illegal Bewegungsprofile. naviGGator.de vom 18.6.2012,

www.gg24.de/kreis-gross-gerau-news/items/mobilfunkanbieter-speichern-illegal-bewegungsprofile-115.html

[3] Staatsanwaltschaft kritisiert „Spitzel-SMS" der Polizei. Heise online vom 6.4.2003,

www.heise.de/newsticker/meldung/Staatsanwaltschaft-kritisiert-Spitzel-SMS-der-Polizei-77349.html

Staatsanwaltschaft kritisiert „Spitzel-SMS" der Polizei. Big Brother: Vielfältige Missbrauchsmöglichkeiten: Ortung, Lokalisierung und Bespitzelung von Handynutzern,

www.elektrosmognews.de/news/smsschnueffelei.htm

[4] Das Handy als Wanze. Stern.de vom 14.7.2007,

www.stern.de/digital/ueberwachung-das-handy-als-wanze-593085.html

[5] Dazu wird das zeitliche Profil des Stromverlaufs beim Einschalten eines Geräts und im Betrieb mittels einer „Fourieranalyse" untersucht.

[6] Wie erschreckend groß diese Fortschritte sind, zeigt ein kurioses Beispiel: Natürlich waren die Sicherheitsdienste von nicht-demokratischen Staaten schon immer daran interessiert, biometrische Daten zur Überwachung und zur Identifizierung einzusetzen. In der DDR lud man dazu die Verdächtigen zu einer Vernehmung vor. Dabei war auf der Sitzfläche des Stuhls ein Tuch angebracht, das den Geruch aufnehmen sollte. Dieses Tuch wurde danach in einem Weckglas luftdicht verschlossen. Hatte man nun eine Geruchsprobe von irgendeinem Tathergang, so musste ein Hund feststellen, ob diese mit der Probe einer Person aus den Vernehmungen übereinstimmte. Das Problem war, dass der Hund auf jeden Fall eine Belohnung bekam, wenn er eine Probe identifizierte. Deshalb schlug er immer bei einer der vorgelegten Proben an, egal wonach sie roch. Daher gab die STASI dieses Verfahren bald wieder auf. – Solche Kuriositäten zeigen, wie wichtig es immer schon war, Personen aufgrund biologischer Daten zu identifizieren. Heute ist das reine Routine.

[7] Europäische Überwachungstechnologie: Werkzeug für Diktatoren. Süddeutsche Zeitung vom 1.12.2011,

www.sueddeutsche.de/wissen/europaeische-ueberwachungstechnologie-werkzeug-fuer-diktatoren-1.1223440

Artikel in Wikipedia:
de.wikipedia.org/wiki/INDECT

[8] Tagesschau und Tagesthemen vom 7.7.2012 und von den folgenden Tagen

[9] www.eurogendfor.eu

[10] Das sind z.Z. die französische Gendarmerie Nationale, die italienischen Carabinieri, die spanische Guardia Civil, die portugiesische Guarda Nacional Republicana, der niederländische Koninklijke Marechaussee und die rumänische Jandarmeria Română: de.wikipedia.org/wiki/Europäische_Gendarmerietruppe

[11] Art. 4 des Vertrags von Velsen:
www.eurogendfor.org/referencetexts/EGF

[12] Art. 222 Abs. 1 Satz 2

[13] Art. 222 Abs. 3

[14] Fragen 13, 33 und 38 in der Bundestagsdrucksache 16/8726 vom 2.4.2008,

dipbt.bundestag.de/dip21/btd/16/087/1608726.pdf

[15] Die Antwort auf Frage 2 dieser Bundestagsdrucksache lautet: *„Die Einzelheiten für die Anwendung der Solidaritätsklausel, einschließlich der militärischen Mittel, die die Mitgliedstaaten im Rahmen der Hilfeleistung nach Artikel 222 AEUV bereitstellen können, sind Gegenstand eines Ratsbeschlusses (Artikel 222 Abs. 3 AEUV), der nach Inkrafttreten des Vertrages von Lissabon ausgehandelt werden wird. Die Beschlussfassung erfolgt einstimmig, wenn dieser Beschluss Auswirkungen im Bereich der Verteidigung hat.“*

7. Was tun?

Was wollen wir?

In Deutschland geht es den meisten Menschen sehr gut. Noch. Denn die Schere zwischen Arm und Reich geht immer weiter auf. Das wird schlimmer werden, wenn wir die Dinge einfach laufen lassen. Es besteht die akute Gefahr, dass unsere Demokratie und unsere Wirtschaft zerstört werden. Die Folge wäre ein radikaler Sozialabbau, wie wir ihn jetzt schon in einigen südeuropäischen Ländern sehen. Davon werden zuerst diejenigen betroffen, die heute schon am Existenzminimum leben.

Wenn wir dem entgegentreten wollen, müssen wir uns zuerst klar darüber werden, was unsere zentralen Forderungen sind, und bereit sein, dafür zu kämpfen. Sonst könnte es uns gehen wie 1973 den Menschen in Chile, als viele hungerten und glaubten, die Regierung habe Nahrungsmittel in Verstecken gehortet. Immer zu einer bestimmten Zeit schlugen die Hausfrauen an einem offenen Fenster gegen ihre leeren Töpfe. Der Höllenlärm machte jedem klar, dass etwas geschehen muss. Viele dachten sogar, das Militär müsse durchgreifen und die Verteilung der Nahrungsmittel in die Hand nehmen.

Da der Protest nur der Ernährungssituation galt und sonst keine klaren politischen Ziele hatte, führte er zu einer Situation, die so sicher nicht beabsichtigt war. Das Militär ergriff am 11. September 1973 die Chance für einen lange vorbereiteten Putsch und richtete unter General Pinochet eine Schreckensherrschaft auf. Das zeigt, dass bei jedem Protest feststehen muss, was erreicht werden soll und welcher Weg dorthin führen soll. Dabei müssen alle Kräfte energisch bekämpft werden, die die Situation für ihre eigenen Ziele ausnützen wollen.

Unser wichtigstes Ziel ist die Demokratie. Das ist ein anderes Wort für Freiheit: Wir wollen selbstbestimmt leben.

Die Freiheit, die wir heute noch genießen, musste mit großen Opfern erkauft werden. In den Revolutionen von 1848 und 1918 setzten viele ihr Leben ein. Weitaus mehr wurden wegen ihres Widerstands gegen das Dritte Reich verfolgt. Ganz besonders haben wir von den Frauen und Männern profitiert, die 1989 ihr Leben aufs Spiel gesetzt haben, um die Wende zu erzwingen. Wollen wir es zulassen, dass das Rad der Geschichte zurückgedreht wird und uns fundamentale demokratische Rechte wieder entrissen werden?

Freiheit bedeutet auch, dass jedes Land die Art seiner Wirtschaft selbst bestimmen kann. Kein Staat darf gezwungen werden, sich dem Diktat des IWF bzw. der „Troika“ aus EU-Kommission, EZB und IWF zu unterwerfen und einen ungezügelten Kapitalismus einzuführen – zum Nutzen einiger weniger internationaler Konzerne. Das muss auch für Länder gelten, die zahlungsunfähig sind.

Freiheit kann es nur geben, wenn man nicht von Schulden erdrückt wird. Deshalb fordern wir einen Schuldenerlass für Staaten. Diese Schulden wurden teilweise durch üble Tricks der Finanzindustrie erzeugt. Natürlich sind sie zum Teil auch durch Missmanagement und verantwortungslose und korrupte Politik entstanden. In jedem Fall haben aber die Kapitalanleger hohe Profite daraus gezogen. Deshalb ist es Zeit für ein „Erlassjahr“, wie es im Alten Testament vorgeschrieben war [1]. Damals wurden in jedem siebten Jahr alle Schulden erlassen. Das wäre heute so nicht sinnvoll. Aber ein einmaliger Schuldenschnitt für Staaten würde viel Not abwenden und zu einer gerechteren Wirtschaft führen [2]. Dazu hat sich auch die Bundesregierung in ihrem Koalitionsvertrag von 2009 verpflichtet [3]. Man war sich einig darüber, dass man sich international für eine Insolvenzordnung für Staaten einsetzen will. Das wurde aber nie verwirklicht – zum Nutzen der Finanzwirtschaft.

Das vereinte Europa muss demokratisch werden. Die jetzige Struktur ist das Gegenteil davon. Eine kleine Gruppe von Kommissaren, die unter dem direkten Einfluss von Wirtschaftsverbänden steht, hat eine unerhörte Machtfülle. Das führt zur Ausrichtung auf einen ungezügelten Kapitalismus, der die europäische Idee zerstört. Zur Freiheit in Europa gehört auch, dass wir keine zentralistische EU-Regierung bekommen, zu der die Kommission und der Europäische Gerichtshof neigen. Zwar ist in den Verträgen festgeschrieben, dass in Brüssel nur das geregelt werden darf, was auf nationaler oder kommunaler Ebene nicht gemacht werden kann. Die Wirklichkeit ist jedoch weit davon entfernt. Die EU versucht, in alle Bereiche unseres Lebens einzugreifen.

Die zweite Forderung ist soziale Gerechtigkeit. Nach dem Zweiten Weltkrieg führte die Soziale Marktwirtschaft in Westdeutschland zu einer Blüte, die jetzt mit dem ungezügelten Kapitalismus Schritt für Schritt zunichtegemacht wird. Das gilt es zu stoppen.

Soziale Gerechtigkeit muss für alle Länder gelten. Die internationalen Verträge und Handelsbeziehungen müssen jedem Staat die Möglichkeit geben eine eigene Wirtschaft aufzubauen, so wie es Westdeutschland nach dem Zweiten Weltkrieg gelang oder wie es die „Tigerstaaten“ vor 1997 schafften.

Die dritte Forderung ist Friede. Kriege um Öl oder andere Rohstoffe dürfen auch dann nicht geführt werden, wenn wir vorgeben, den Ländern Demokratie zu bringen. Wir haben kein Recht, uns in die inneren Angelegenheiten anderer Staaten einzumischen, es sei denn auf Beschluss der Vereinten Nationen, wobei unabhängig davon die UN-Charta strikt zu befolgen ist.

Es ist eine Schande, dass Rüstungsgüter einen beträchtlichen Anteil unserer Exporte ausmachen. Wir verdienen viel Geld an den Konflikten anderer Länder, das heißt am Tod anderer Menschen. Und es ist unerträglich, dass die Bundeswehr von einer Bürgerwehr zur Verteidigung unseres Landes zu einer professionellen Interventionstruppe umgebaut worden ist, damit in fernen Ländern Kriege um Rohstoffe geführt werden können.

Was sagt das Grundgesetz?

Die Forderungen nach Demokratie, Frieden und sozialer Gerechtigkeit sind für uns eigentlich selbstverständlich. Wenn sie jetzt zugunsten einer sehr kleinen Elite weltweit immer weniger beachtet werden, so trifft das den Nerv unserer Gesellschaft. Selbst das Grundgesetz fordert uns auf, das nicht tatenlos hinzunehmen. In Art. 20 Abs. 4 heißt es: *„Gegen jeden, der es unternimmt, diese Ordnung zu beseitigen, haben alle Deutschen das Recht zum Widerstand, wenn andere Abhilfe nicht möglich ist."*

Es bleibt offen, was hier mit „Widerstand" gemeint ist. Aber unabhängig davon muss klar sein, dass ein Widerstand mit Waffengewalt nicht zum gewünschten Erfolg führen kann. Die Gegenseite wäre darauf vorbereitet und würde militärische Mittel einsetzen. Dann stünde Gewalt gegen Gewalt. Wenn man in dieser Situation überhaupt gewinnen kann, dann nur unter großen Opfern. Das haben die arabischen Revolutionen der letzten Jahre sehr eindringlich gezeigt.

Also bleibt nur ein gewaltloser Widerstand. Er war 1989 in Deutschland, vor kurzem in Ägypten, aber auch auf den Philippinen, in Indien und in vielen anderen Ländern erfolgreich. Dafür ist eine große Gruppe entschlossener Menschen nötig, die frei von Furcht ist.

Das wurde besonders eindringlich vom erfolgreichen gewaltlosen Umsturz auf den Philippinen berichtet. Als Präsident Marcos gegen die demonstrierende Menschenmenge Panzer auffahren ließ und diese in einer mörderischen Hitze lange Zeit abwartend da standen, brachten Nonnen unter den Demonstranten den Soldaten Tee und etwas zum Essen. Damit war der Bann gebrochen. Es wäre für die Soldaten unmöglich gewesen, einen Befehl, auf die Demonstranten zu schießen, zu befolgen. Er wurde erst gar nicht erteilt. Kurze Zeit später gab Marcos auf.

Die Finanzindustrie bietet uns Brot und Spiele, aber das Brot, d.h. unser Wohlstand, wird für die meisten von uns immer weniger. Der Trick ist, die Veränderungen so langsam durchzuführen, dass die Menschen wegen eines einzigen Schritts nicht rebellisch werden. Jetzt ist es aber genug; die Zeit ist reif, dass wir die Verantwortung für uns selbst übernehmen.

Als 2011 an einem Tag 120.000 Demonstranten gegen Atomkraft auf die Straße gingen, knickte die Bundesregierung ein und verkündete den Atomausstieg. Die Drahtzieher der Finanzwirtschaft sind sicher mächtiger als die AKW-Betreiber. Sie werden sich nicht durch 120.000 Menschen umstimmen lassen. Aber auch ihre Macht ist begrenzt. Wir müssen uns nur entschlossen zur Wehr setzen. Sogar unser Grundgesetz fordert uns dazu auf. Dann wird der Tag kommen, wo alle Menschen in Frieden, Freiheit und Gerechtigkeit zusammen leben werden. [4]

Quellen und Anmerkungen

[1] 5. Buch Mose, Kap. 15

[2] Der Verein erlassjahr.de erarbeitet mit seinen internationalen Partnern ein Verfahren für Insolvenzen von Staaten und versucht damit eine faire Entschuldung zu erreichen.

[3] Wachstum. Bildung. Zusammenhalt. Der Koalitionsvertrag zwischen CDU, CSU und FDP. 17. Legislaturperiode, hier S. 128/129

http://www.csu.de/dateien/partei/beschluesse/091026_koalitionsvertrag.pdf

[4] Vgl. Jean Ziegler: Ich glaube, es wird einen Umsturz geben, Ernährungssouveränität.

www.youtube.com/watch?v=aCgeRsB1oN0&feature=relmfu . Ab Minute 24.

Siehe auch Jean Ziegler: Der Aufstand des Gewissens. Die nicht gehaltene Festspielrede 2011. Ecowin Verlag, Salzburg 2011

Dank

Ohne die geduldige und kompetente Hilfe meiner Frau Rosemarie wäre dieses Buch nicht entstanden. Dafür danke ich ihr herzlich. Zu großem Dank bin ich auch Frau F. v. Bodisco, Frau M. Osinski, Frau R. Patzelt, Frau E. Vollmer und Frau M. von Walter sowie Herrn H. Striedl verpflichtet. Nicht zuletzt möchte ich mich auch bei Herrn J. Kamphausen für wertvolle Ratschläge und die effektive, stets sehr erfreuliche Zusammenarbeit bei der Herausgabe dieser Schrift bedanken.

Zeitfracht Medien GmbH
Ferdinand-Jühlke-Straße 7
99095 Erfurt, Deutschland
produktsicherheit@kolibri360.de